직장인 · 투자자를 위한 재무제표 특강

차트를 버리고 가치를 택하라

직장인·투자자를 위한 재무제표 특강

차트를 버리고 가치를 택하라

초판 1쇄 발행 · 2007년 1월 31일
초판 5쇄 발행 · 2007년 8월 28일

지은이 · 원욱경연(패러다임 투자)
펴낸이 · 이종문
펴낸곳 · 국일증권경제연구소

부사장 · 정준수
편집기획 · 손유심, 장현숙, 이재석, 김종원
         이원숙, 심현종, 김혜성, 마현숙, 전수정
영업마케팅 · 김종진, 이병옥, 정영남
디자인 · 이희욱, 권영화, 양지현
웹마스터 · 견진수
관리 · 최옥희, 장은미
제작 · 유수경

등록 · 제406-2005-000029호
주소 · 경기도 파주시 교하읍 문발리 파주출판문화정보산업단지 514-6
영업부 · Tel 031)955-6050 | Fax 031)955-6051
편집부 · Tel 031)955-6070 | Fax 031)955-6071

평생전화번호 · 0502-237-9101~3

홈페이지 · www.ekugil.com (한글인터넷주소 · 국일미디어, 국일출판사)
E-mail · kugil@ekugil.com

· 값은 표지 뒷면에 표기되어 있습니다.
· 잘못된 책은 바꾸어 드립니다.

ISBN 978-89-5782-054-4 (03320)

직장인·투자자를 위한 재무제표 특강

차트를 버리고
가치를 택하라

패러다임 투자 지음

국일 증권경제연구소

차트를 버리고
가치를 택하라

처음 주식 투자를 시작했을 때 나의 관심종목은 급등주, 테마주 위주였습니다. 창투주, 전쟁관련주, 조류독감 관련주를 비롯한 각종 테마주들을 홈트레이딩시스템(HTS) 관심종목에서 삭제하기까지, 그 마인드를 완전히 선회하기까지 약 10개월 정도가 걸렸습니다.

　당시의 나에게 실적 또는 가치라는 마인드는 없었습니다. 이해하고 밑줄을 그어가며 암기했던 차트 책들이 전 재산이었고 이 책들이 경제적 부를 가져다줄 것이라고 굳게 믿었으니까요. 하지만 투자를 하면 할수록 계좌 잔고는 급속히 줄어들었습니다. 오전 9시부터 오후 3시까지 HTS를 지켜보며 수없이 가슴을 쓸어내렸고, 장이 끝난 뒤에는 상한가 종목들을 보며 후회를 거듭했습니다. 그뿐입니까. 새벽 2~3시까지 미국시장을 주시하고, 보유한 종목들이 무사하기를 바라면서 내일은 또 어떻게 견딜까, 어떻게 될까 머릿속이 뒤엉키는 듯한 심한 두통과 무기력증에 시달렸지요. 자고 있는 아내와 아이들의 얼굴을 보면 서글픔과 두려움이 동시에 몰려오곤 했던 시간들이었습니다.

그런데 어느 날 의문이 들더군요. '차트 책을 수없이 보고 외웠는데, 왜 차트에 기술된 내용대로 움직이지 않을까? 어떤 기업은 5일선, 20일선, 60일선에서 지지를 받는데 왜 내가 보유한 기업은 폭등 전의 가격대, 심하면 그 이하 가격으로까지 떨어져 차트 지식이 아무 소용없게 돼버리는 걸까? 왜 기업의 주가가 연속성을 가지지 못하는 걸까? 턴어라운드주, 실적호전주, 배당, 업황호전과 같은 단어들의 근본 실체는 무엇일까?'

물론 이런 의문은 가슴이 아닌 머리로만 든 것이었고 실제 매매는 계속 테마주, 급등주에 머물렀기에 나의 데이 트레이딩, 단기매매는 계속 손실만 불러왔습니다.

그렇게 얼마간의 시일이 흐른 뒤 내가 찾아낸 방법은 실적매매였습니다. 매월 전월실적을 발표하는 기업들[증권주(전월실적), 보험주(전월실적), 자동차관련주(판매대수), 하나투어(매월 1일)]과 분기별 실적 여하를 참고하여 주가 변동을 예상하고 실적발표 일자에 따른 선취매, 당일매매 전략을 구사했습니다. 지금 생각하면 우습지만, 지난 2~3년간 시황을 통해 분기별 실적 발표일자 및 시각을 엑셀로 정리해서 플러스, 마이너스 오차범위를 정하고 이 결과치를 다섯 개 정도의 월중행사표에 표시해놓고 매매하는 방법이었습니다.

하지만 실적이라는 부분 자체가 선반영되는 경우가 많았고 시장상황 등에 따라 실적치가 반영되지 않고 오히려 하락하는 경우도 있었으므로 그리 능률적인 방법은 아니었습니다. 그리고 분기라는 개념, 매월이라는 기간 자체가 단기·데이 트레이딩에 익숙해 있던 나에게는 견디기 힘들 정도로 긴 시간이었으므로 크게 손실을 입지는 않았으나 지속적인 매매 방법으로 활용하지 못했습니다.

여기서 생각이 발전하다 보니 향후 재료에 의한 매매로 이동했습니다. 즉 지난 시황을 보면서 재료가 될 만한 기사(신제품 개발, 향후 공급계약 등)들을 스크랩하고 관련사항을 파악하고 주담(주식 담당자)과의 통화를 통해 그 시기에 즈음해 매매하는 것이지요. 하지만 이 방법도 실제로 시장에서 반응하는 정도가 다르고 시장상황 등에 연동하는 경우가 많았으므로 근본적인 해결책이 되지는 못했습니다. 결국 2003년 9월경까지 나의 매매방식은 '단기매매＋데이 트레이딩'에서 '실적매매＋재료매매＋단기매매' 형태로 변화했습니다.

2003년 9월, 매매를 쉬기로 하고 2개월 동안 관심종목 창과 현재가 창만 지켜보았습니다. 실적투자 때 접했던 '실적'이라는 단어를 떠올리며 혹시나 하는 마음에 재무제표 관련 책자를 몇 권 구입해 읽으면서 실적에 대해 본격적인 관심을 가지게 되었습니다.

이 때 우연찮게 관심종목에 등록했던 현대모비스와 현대미포조선, 금호산업 세 기업이 눈에 들어오더군요. 상장기업 분석, 전자공시시스템을 통해 기업들의 실적을 살폈지요. 두 달여 동안 수많은 공시, 뉴스, 호재, 악재들이 쏟아졌지만 결국 전년보다 좋은 실적을 가진 기업이 상승하는 것을 알 수 있었으며 추격매수 하고 싶어 근질거리는 머리와 가슴을 달래며 인내심을 덤으로 키웠습니다.

2004년 금호산업과 현대미포조선은 실적이 호전되면서 주가가 상승하기 시작했습니다. '이러다 떨어지겠지' 생각했지만 등락을 거듭하면서 실적이 발표될수록 계속 상승했습니다. '무엇이 이 기업들을 움직이게 만드는가? 그 원인은 무엇일까?' 결론은 실적이었습니다.

반면 현대모비스는 시간이 흐를수록 하락하기 시작했습니다. 현대자동차 주식매입과 관련한 불확실성으로 외국인의 매물이 쏟아졌습니다. 순식간에 38,900원대까지 떨어진 주식은 그러나 5월을 고비로 점점 고점을 높이더니 결국 6만 원 가까이 상승했습니다. 이 또한 결론은 실적이었습니다. '상승하는 기업가치(실적)는 결국 기업의 주가를 이끈다'는 평범한 사실을 다시 한 번 깨달았습니다.

위 세 회사 주식을 보유했으나 인내의 투자는 아직 내게는 무리였습니다. 널뛰는 시장상황에 혹시 다시 적자를 내면 어쩌나, 빨리 벌어야 하는데 이렇게 보유만 하고 있으면 뭐 하나, 하루 종일 지켜보는 지루함까지 가세해 시간이 흐를수록 견딜 수가 없었습니다. 1개월 보유하다 매도, 재매수, 다시 매도…. 그런데 어느 순간 주가는 폭발적으로 상승하기 시작했고, 다시 매수하기에는 부담스러운 가격대까지 올라버렸습니다.

이 책을 읽는 투자자 중에는 빠른 길, 빠른 수익을 얻기 위해 단기매매를 하는 분도 있을 겁니다. 이 방법이 너무나 체질에 맞아서, 엄청나게 벌었기 때문이라고 하면 말릴 생각은 없습니다. 하지만 빠른 수익을 얻기 위해 하는 차트, 테마에 의존한 매매는 긴 투자인생을 놓고 보았을 때 빠른 손실의 길이 될 가능성이 높습니다. 결과적으로 단기매매로부터 시작된 나의 투자는 시행착오를 거쳐 가치투자의 길로 들어서게 됐습니다.

주식투자자라면 누구나 겪는 이론적인 재무제표 지식, 즉 주식투자에 적합한 재무제표 지식 및 기업분석의 출구를 찾는 과정에서 겪었던 시행착오와 경험을 바탕으로 2년여 전부터 「주식투자자가 꼭 알아야 할 재무제표」글을 주식관련 사이트 및 동호회에 연재형식으로 올리게 된 것이 이 책을 쓰게 된 동기가 되었습니다.

많은 분들이 '재무제표'의 어려움을 호소합니다. 저 또한 부담스러운 분량(?)의 재무제표 서적을 공부하는 과정에서 끝없는 수렁에 빠지는 경험을 되풀이해보았습니다. 그러나 돌이켜보니 주식투자자에게 정말 필요한 재무제표 관련 지식은 일반 서적에서 언급하는 것보다 훨씬 적은 분량이며, 또한 복잡하지 않습니다.

주식투자자는 기업이 분기별로 공시하는 재무제표를 전체적인 맥락에서 이해하고 투자의 참고자료로서 기업분석에 활용할 수 있는 해석, 적용능력만 갖추면 됩니다. 예를 들어 애널리포트를 모든 용어와 전문지식을 섭렵하고 보는 이가 몇이나 되겠습니까? 목표가, 향후실적, 업황과 관련된 부분만을 이해하고 염두에 두면 되듯, 재무제표 또한 핵심적인 항목과 상호연관성, 그리고 주가에 긴밀한 영향을 미치는 부분에 대해서만 집중하면 됩니다.

더불어 주식투자를 하는 분이라면 누구나 한 번쯤은 애널리스트처럼 기업분석을 하고 싶다는 생각을 해봤을 것입니다. 나 역시 그런 목표 아래 공부했지만, 막상 재무제표를 공부한 후 기업을 대하는 순간 머릿속이 텅 비어버린 듯 어디서부터 시작해야 할지, 어디가 중요한지, 어떤 방법으로 분석해야 하는지 전혀 갈피를 잡을 수가 없었습니다.

하지만 오랜 기간 동안 기업분석의 시행착오를 겪으면서 내린 결론은, 올바른 기업분석을 하려면 무엇보다 핵심적인 분석기준과 일관된 흐름, 그리고 별개의 사안을 종합할 수 있는 사고력이 뒷받침되어야 한다는 것입니다. 1부는 자칫 딱딱하게 느껴지는 재무제표 이해의 어려움을 덜고자 직장생활과 소사업체 운영을 통해 쉽게 지식을 쌓을 수 있도록 구성했고, 2부는 필자의 시행착오를 밑바탕으로 작성한 기업분석 흐름도의 순서에 따라 HTS의 상장기업 분석만을 통해 기업분석이 가능하도록 꾸몄습니다. 독자의 입장에서 단순화·체계화를 통해 짧은 시간과 노력으로 기업분석을 가능케 함으로써 실제 주식투자에 유용하게 활용할 수 있을 것이라 생각합니다.

저는 주식투자를 하는 데 있어 항상 상식에서 사고하고 판단합니다. 2005년 이후 본격적으로 시작된 펀드 투자, 연기금의 주식비중 확대, 변액보험, 그리고 가시화되는 퇴직연금은 자금의 속성상 가치를 지닌 기업에 중·장기 투자를 하게 될 것이며 이는 외국인과 더불어 시장을 주도하게 될 것입니다. 일반 투자자들 또한 기업의 가치를 알지 못하고는 온전한 투자를 할 수 없는 시대가 성큼 다가왔습니다.

가치투자의 첫걸음인 재무제표, 그리고 재무제표 지식을 활용한 기업분석을 하려는 투자자들에게 모쪼록 나의 졸필이 시간과 노력, 시행착오를 최대한 절약하는 데 이바지하기를 진심으로 바랍니다.

끝으로 이 책이 출간되기까지 수고하신 출판사 관계자 분들께 감사하다는 말과 항상 나를 지켜봐주신 부모님, 그리고 사랑하는 아내와 두 아이에게 고맙다는 말을 전하고 싶습니다.

2007년 1월
원욱경연

CONTENTS

PART 1

재무제표, 스트레스 없는 가치투자의 첫걸음

01 재무제표의 개념

PART 2

기업분석을 알면 주가가 보인다

01 시장 공감대를 알려면

02 기업분석 실전 사례

재무제표,
스트레스 없는
가치투자의 첫걸음

만약 자신이 근무하는 기업과 거래하는 기업의 재무제표를 이해하지 못한다면 어떻게 될까요?

자신이 몸담고 있는 기업, 거래기업이 앞으로 어떻게 될지 모를 것입니다. 만일 주식투자자가

자신의 소중한 돈을 기업에 투자하려고 할 때, 또는 이미 보유하고 있는 기업의 재무제표를 모른

다면 어떨까요? 재무제표 지식으로 무장한 투자자에 비해 경쟁력이 떨어질 것입니다. 결국 직장인,

주식투자자가 기업이라는 존재와 관계를 맺은 이상 상식선에서 필요한 최소한의 재무제표 지식을

갖춰야 하는 것은 선택이 아닌 필수사항일 것입니다.

재무제표의 개념

01

대차대조표＋손익계산서＋현금흐름표＋이익잉여금처분계산서＋주기·주석, 이 다섯 가지를 재무제표라고 부릅니다.

그럼 이익잉여금처분계산서, 주기·주석을 제외한 나머지 재무제표에 대해 하나씩 알아보도록 하겠습니다.

 **_ 대차대조표**

김용호 씨는 1남1녀 중(여동생 김혜연) 3대독자 외아들로 어느 산골에

서 태어났습니다. 용호 씨 어머니가 태몽을 꿨는데 용이 여의주를 물고 나타났다고 합니다. 부모님의 기대를 한껏 받고 태어나 5살에 천자문을 떼는 등 신동소리 들어가면서 서울 소재 대학에 합격하고, 28세에 국내 굴지의 대기업에 당당하게 합격했습니다. 산골 동네에 플래카드 걸리고 돼지 잡고 난리가 났습니다. 딸을 주겠다는 집도 많았습니다.

2006년 1월 1일 신정을 쇠러 모처럼 금의환향한 용호 씨. 저녁상까지 다 물리고 모처럼 앉아 도란도란 이야기하고 있는데, 아버지가 장롱에서 뭔가 꺼내 오십니다.

_아버지   이제 직장인이 되었으니 결혼도 시켜야 하고 해서 재산 정리를 미리 했다. 이걸 받아라.

예금통장	1억 원
증권(주식, 채권)	2,500만 원
시골 땅	5,000만 원
아파트	2억 원
자동차	2,500만 원

서류 봉투를 열어보니 무려 4억 원에 해당하는 재산이었습니다.

_용호 씨   아버지가 젊은 시절 얼마나 고생하면서 일궈놓은 재산인 데 제가 감히 어떻게…. 흑흑, 참! 아버지 자동차는 골드 급 맞죠? 아니면 제가 돈 좀 더 보태서 바꾸려고요. 하하.

재무제표의 기초

17

그럼 여기서 용호 씨의 재산목록(대차대조표)은 무엇일까요? 새 출발을 위해 아버지가 주신 4억 원입니다. 그런데 용호 씨야 이 재산이 순수한 자기 재산인지 잘 알지만, 다른 사람들은 이 돈이 용호 씨 것인지, 은행에서 빌린 것인지, 아니면 일부는 용호 씨 것이고 나머지는 빌린 것인지 잘 모를 것입니다.

회계에서는 "아! 이렇게 그냥 4억 원이라고 하지 말고 어떻게 구성되어 있는지 내역을 보여줘야 다른 사람들이 알 수 있겠다!"라는 생각을 하게 되었고, 어떻게 만들어야 다른 사람들이 잘 알아볼 수 있을까 고민한 끝에 만든 표가 대차대조표라는 재산목록인 것입니다.

대차대조표라는 제목 밑에 날짜를 적어주고 그 아래 왼쪽에는 김용호인지 김혜연인지 구별할 수 있게 이름을 적어주고, 반대편에는 돈의 단위도 적어줘야 다른 사람들이 알 수 있습니다. 쉽게 말하면, 재산이라고 부르지 말고 유식하게 자산이라고 해서 왼쪽에 나타내고, 오른쪽에 빚이

대차대조표
(2006. 1. 1. 현재)

(주)김용호 (단위: 원)

자산(재산)	4억 원	부채(빛)	0원
예금통장	1억 원		
주식	2,500만 원		
시골 땅	5,000만 원	자본(내 돈)	4억 원
아파트	2억 원		
자동차	2,500만 원		
		용호 씨는 현재 빛이 없으므로 자산=자본	

라고 하지 말고 부채라고 하고, 내 돈이라고 하지 말고 자본이라고 해서 오른쪽에 표시해서 나타내자고 약속한 것입니다. 또 줄줄이 나열하면 보기 싫고 알기 힘드니까 표로 만들어서 보여주자고 약속한 것입니다.

더불어 아버지는 용호 씨 동생 혜연 씨가 하도 식당을 하고 싶다고 노래를 부르는지라 현금으로 4억 원을 주었답니다. 돈도 많네요.

② _ 손익계산서

서울로 돌아온 용호 씨는 아버지가 사주신 소나타를 타고 출근을 했습니다. 그리고 기다리던 첫 월급날이 되었습니다. 본봉은 200만 원인데 이것저것 떼고 나니 150만 원입니다. 여기서 아파트 관리비(20만 원) 내고 자동차 기름값(20만 원) 계산해보니 110만 원 남았습니다. 휴, 돈 벌기 힘드네요. 2월에도, 3월에도 똑같았습니다.

용호 씨의 석 달 본봉 600만 원(200만 원×3)을 매출액이라고 부릅니다. 그리고 이것저것 뗀 150만 원(50만 원×3)을 매출원가라고 하고요. 그래서 남은 실수령액 450만 원(150만 원×3)을 매출총이익이라고 하며, 아파트 관리비와 자동차 기름값 120만 원(40만 원×3)을 판관비(판매비와 관리비)라고 합니다. 그럼 남은 돈은 뭐라고 부를까요? 330만 원(110만 원×3)을 영업이익이라고 합니다. 가만 있자, 또 있잖아요! 아버지가 주신 1억 원의 이자는요? 이자 90만 원(30만 원×3)을 영업외수익이라고 합니다.

왜 이자가 영업외수익일까요? 용호 씨의 직업은 무엇이죠? 샐러리맨입니다. 직장생활 해서 번 돈에서 이것저것 다 제하고 남은 돈은 영업이익이 되고, 직장생활 이외에서 번 돈은 의미 그대로 영업외수익입니다. 반대로 잃으면 영업외비용이 되는 것입니다. 계산해볼까요? 600만 원-150만 원-120만 원+90만 원=420만 원. 아이고, 뭐가 뭔지 모르겠네요. 하기야 용호 씨도 한두 달 지나면 뭐가 뭔지 모르겠네요. 그래서 손익계산서라는 표를 만들게 되었답니다.

제목에 손익계산서라고 써주고, 밑에 언제부터 언제까지 월급 받은 건지 표시해주고, 그 아래 왼쪽에는 김용호인지 김혜연인지 이름을 적고, 반대쪽에 돈의 단위도 적어줘야 다른 사람들이 알 수 있습니다. 마지막

손익계산서
(2006. 1. 1. ~ 3. 31.)

(주)김용호   (단위: 원)

매출액	600만 원
매출원가	150만 원
매출총이익	450만 원
판관비 아파트 관리비 기름값	120만 원 60만 원 60만 원
영업이익	330만 원
영업외수익	90만 원
영업외비용	0원
경상이익	420만 원
당기순이익	**294만 원**

으로 줄줄이 나열하면 보기 싫고 알아먹기 힘드니까 표로 만들어서 보여주자고 약속한 것입니다.

그런데 경상이익이 뭘까요? 당구장에서 친구끼리 그러죠? "짜샤! 그래도 기본 다마 수가 있는데"라고요. 이 기본 다마 수가 경상이익이랍니다. 기업으로 이야기하면, 본업(직장생활)＋부업(은행이자)을 해서 번 돈이라는 의미입니다. 그리고 경상이익의 30% 정도는 세금입니다. 즉, 경상이익 420만 원×70%＝당기순이익 294만 원.

③_ 현금흐름표

어느 날 은행에서 통장정리를 한 용호 씨는 깜짝 놀랐습니다. "엥! 잔고에 1억 204만 원밖에 없네. 아버지가 주신 1억 원과 3개월 일해서 번 돈 294만 원 해서 총 1억 294만 원이 있어야 하는데?" 한참을 고민하던 용호 씨는 문득 잘못될 곳이라고는 은행이자 90만 원밖에는 없다는 생각이 들었습니다. 그래서 창구직원에게 물어보니 아니나 다를까 이자는 6개월에 한 번씩 지급된다는군요. 이 일을 겪은 용호 씨는 '이렇게 현금관리를 하면 안 되겠구나. 통장에 들어오고 나가는 현금의 흐름을 추적해서 통장잔고와 맞는지도 확인해야겠구나!'라는 필요성을 느끼게 되었습니다. 그래서 용호 씨는 현금을 체계적으로 관리하기 위해 현금흐름표라는 것을 만들어 관리하기로 했습니다.

살펴보면 현금흐름표라는 제목 밑에 2006. 1. 1.~3. 31.이라는 기간이

현금흐름표

(2006. 1. 1. ~ 3. 31.)

(주)김용호 (단위: 원)

1. 영업활동	204만 원
1) 당기순이익	294만 원
2) 영업외수익, 영업외비용, 자산부채의 변동	(-)90만 원(현금으로 받지 못한 은행이자)
2. 투자활동	
3. 재무활동	
4. 현금의 증가	204만 원
5. 기초의 현금	1억 원
6. 기말의 현금	1억 204만 원

● 실제 현금흐름표 양식은 문장이 길고 복잡하므로 나름대로 큰 의미만을 이해할 수 있도록 간단하게 수정했습니다.

적혀 있습니다. 손익계산서 제목 밑에 있는 기간과 똑같지요? 손익계산서는 1월 1일부터 3월 31일까지 용호 씨가 직장생활 한 결과 최종적으로 이익이 났느냐 손실이 났느냐를 계산하는 표이고, 현금흐름표는 1월 1일 아버지가 주신 1억 원이 있었는데 3월 31일에는 통장에 1억 204만 원이 있으니, 그럼 204만 원이라는 현금은 도대체 어떤 흐름을 거쳐 최종적으로 1억 204만 원이 되었는지 뜻 그대로 현금의 흐름을 보여주는 표입니다.

먼저 쉽게 알 수 있는 부분부터 볼까요? 1)당기순이익=손익계산서 당기순이익을 말합니다. 용호 씨의 당기순이익 294만 원이 현금흐름표 영업활동의 1)당기순이익 294만 원이라는 뜻입니다. 5.기초의 현금은 1월 1일 대차대조표 현금및현금등가물(추후 설명)에 해당하는 예금통장 1억 원을 말합니다. 6.기말의 현금 1억 204만 원은 3월 31일 대차대조표 현금및현금등가물 1억 204만 원을 의미합니다. 4.현금의 증가는 1억 원이 1억 204만 원이 되었으므로 204만 원이 증가했다는 의미에서 적어주는 난입니다. 만약에 기초의 현금이 1억 204만 원이고 기말의 현금이 1억 원이라면, 현금의 증가는 -204만 원이 될 것입니다.

그런데 왜 투자활동, 재무활동이 아닌 영업활동에 (-)90만 원이 돼야 할까요? 현금흐름표의 영업활동은 손익계산서의 영업이익 330만 원에서 출발하는 것이 아니라 당기순이익 294만 원을 출발점으로 해서 현금의 흐름을 추적하는 것입니다. 표에서 보면 당기순이익 294만 원에서 출발하지요. 그리고 294만 원 안에는 은행이자 90만 원이 포함되어 있습니다. 그렇기 때문에 은행이자 90만 원을 투자활동, 재무활동 난에 적지 않고 영업활동 난에 적은 것이며 현금으로 들어오지 않은 돈이라는 의미에서 마이너스를 해주는 것이랍니다. 지금은 이 정도 선에서 이해하면 되겠습니다.

 4 _ 손익계산서와 대차대조표의 관계

용호 씨는 현금흐름표까지 작성하고 나니 기분이 좋아졌습니다. 그러던 어느 날 회사 자판기 앞에서 입사동기인 경아 씨를 만났습니다.

_용호 재산은 대차대조표, 월급은 손익계산서로 관리하니까 아주 편하네요. 3개월 일해서 294만 원 남았습니다.

_경아 와! 저도 대차대조표, 손익계산서로 관리하거든요. 그런데 용호 씨 재산(대차대조표)은 얼마나 돼요?

_ 용호　크험, 아버지가 새 출발 하라고 1월 1일에 주신 4억 원입니다.

_ 경아　3개월 일해서 남은 돈도 재산목록에 넣어야죠! 바보.

_ 용호　왜 넣어야 하죠?

_ 경아　아버지가 용호 씨 몫으로 주신 4억 원은 용호 씨 것이 되었고 용호 씨 3개월치 당기순이익 294만 원도 용호 씨 거잖아요. 그러니 재산목록에 넣어야 맞죠.

_ 용호　아, 그렇구나! 1월 1일 대차대조표만 있었는데 1월부터 3월까지 손익계산서를 만들면 대차대조표도 3월 31일자로 갱신해야 현행유지가 되는군요.

_ 경아　당연하지요.

_ 용호　그런데 294만 원을 대차대조표 어디에 뭐라고 적어야 하죠?

_ 경아　294만 원은 용호 씨 돈이 된 거니까 자본(내 돈)의 이익잉여금(당기순이익 저장창고)에 적으시면 돼요.

　　용호 씨는 그 날 부랴부랴 퇴근해서 대차대조표를 수정하기 시작했습니다. 그런데 은행에서 현금으로 받지 못한 이자 90만 원은 어디에 뭐라고 적을까요? 예금통장에는 현재 1억 204만 원 있는데 1억 294만 원이라고 적을 수도 없고, 그래서 경아 씨에게 전화를 했답니다.

_ 경아　90만 원은 아직 못 받은 돈이잖아요. 그럼 미수(未收)네요. 그리고 은행이자는 영업외수익이죠? 그러니까 미수+수익, 즉 못 받은 수익이라는 의미에서 미수수익 90만 원이라고 해서 자산목록에 적으시면 돼요.

용호 씨는 전화를 끊고 경아 씨가 가르쳐준 대로 미수수익 90만 원이라고 적었습니다.

완성시키고 나서 보니 대차대조표 자산에 예금이 204만 원으로 늘어났고 미수수익이 90만 원이 돼서 결국 자산이 294만 원으로 늘어났고, 부채는 그대로, 자본은 이익잉여금이 294만 원으로 늘어나서 결국 '자산 ＝부채＋자본'이 되는 것을 알 수 있었습니다. 아, 이래서 사람들이 자산 ＝부채＋자본이라고 말하는군요. 더불어 손익계산서와 대차대조표를 같

손익계산서 (2006. 1. 1. ~ 3. 31.)		대차대조표 (2006. 3. 31. 현재)	
			(단위: 원)
매출액	600만 원	자산(재산) **4억 294만 원**	부채(빚) 0원
매출원가	150만 원		
매출총이익	450만 원		
판관비 아파트 관리비 기름값	120만 원 60만 원 60만 원	예금통장 1억 204만 원 주식 2,500만 원 미수수익 90만 원 시골 땅 5,000만 원 아파트 2억 원 자동차 2,500만 원	
영업이익	330만 원		
영업외수익	90만 원		
영업외비용			자본(내 돈) **4억 294만 원**
경상이익	420만 원		자본금(종자돈) 4억 원
당기순이익	**294만 원**	→ → → →	이익잉여금 294만 원 (이익저장창고)

이 놔두고 보니 손익계산서의 당기순이익 294만 원이 대차대조표의 이익잉여금으로 죄다 빠져나감을 알 수 있었습니다. 흠, 경아 씨가 이익잉여금을 이익의 저장창고라고 부른 이유가 여기 있었군요.

그럼 4월 월급 받을 때부터 손익계산서는 294만 원부터 이어서 적어야 할까요? 1월~3월 월급 받아서 최종적으로 남은 당기순이익 294만 원은 재산목록인 대차대조표 이익잉여금으로 죄다 빠져나갔습니다. 그럼 당연히 손익계산서는 4월 1일부터는 다시 0원부터 출발해야 합니다. 반면에 대차대조표는 4월 1일부터 4억 294만 원에서 시작하는 것이고요. 아, 손익계산서는 3개월 단위로 0원부터 다시 시작하고 대차대조표는 재산목록이니까 계속 이어지는 것이군요! 맞습니다.

5 _ 기업들의 월급날(실적발표 시즌)

직장인의 월급날은 보통 매월 20일~25일 사이입니다. 그럼 기업들의 월급날은 언제일까요? 3개월치 월급(손익계산서)과 재산목록(대차대조표), 그리고 현금흐름표를 작성해서 45일 이내에 발표한답니다(단, 1년치 일한 것은 90일 이내).

다음의 표에서 12월 결산법인, 3월 결산법인이 뭘까요? 입사일입니다. 직장인들은 입사일이 달라도 12월에 맞추지요! 하지만 기업은 위 표와 같이 입사일을 기준으로 정할 수 있답니다.

실적발표 기간(12월 결산법인)

1/4분기(1~3월)	2/4분기(4~6월)	3/4분기(7~9월)	연간실적(4/4분기 포함)
5월 15일까지(45일)	8월 15일까지(45일)	11월 15일까지(45일)	다음 해 3월 31일까지(90일)

실적발표 기간(3월 결산법인)

1/4분기(4~6월)	2/4분기(7~9월)	3/4분기(10~12월)	연간실적(4/4분기 포함)
8월 15일까지(45일)	11월 15일까지(45일)	다음 해 2월 15일까지(45일)	6월 30일까지(90일)

1/4분기(1~3월)를 설명하면 1월~3월 월급, 은행이자 받은 것을 대차대조표, 손익계산서, 현금흐름표에 반영해서 4월 1일~5월 15일(45일) 안에 발표하면 됩니다. 단, 연간실적은 다음 해 1월 1일~3월 31일까지(90일) 발표하면 되고요. 아! 기업의 월급날은 1년에 4번이군요. 분기라는 말은 1월~3월, 4월~6월, 7월~9월, 10월~12월 3개월을 말하고, 반기는 1월~6월, 7월~12월 6개월을 말하며, 연간은 1월~12월 1년을 말하는 것입니다.

6 _ 재무제표를 알아야 하는 이유

지금까지 대차대조표, 손익계산서, 현금흐름표에 대해 알아보았습니다. 만약 자신이 근무하는 기업과 거래하는 기업의 재무제표를 이해하지 못한다면 어떻게 될까요? 자신이 몸담고 있는 기업, 거래기업이 앞으로 어떻게 될지 모를 것입니다. 만일 주식투자자가 자신의 소중한 돈을 기업에 투자하려고 할 때, 또는 이미 보유하고 있는 기업의 재무제표를 모른다면 어떨까요? 재무제표 지식으로 무장한 투자자에 비해 경쟁력이 떨어질 것입니다. 결국 직장인, 주식투자자가 기업이라는 존재와 관계를 맺은 이상 상식선에서 필요한 최소한의 재무제표 지식을 갖춰야 하는 것은 선택이 아닌 필수사항일 것입니다.

02 주식회사 설립

혜연 씨가 노트에 적어둔 내용을 바탕으로 (주)황소가든이 설립되기까지의 과정을 단계별로 대차대조표와 현금흐름표를 작성해가면서 알아보도록 하겠습니다.

1 _ 대차대조표의 구조 및 기초지식

용호 씨 여동생 혜연 씨는 20대 후반의 아가씨입니다. 그녀는 음식 솜씨 좋은 어머니의 손맛을 그대로 물려받아 고향에서 요리 잘 한다고 소문이 났습니다. 그리고 그녀는 가장 자신 있는 육회와 한우불고기 요리 실력을 살려 서울에 '가든'을 차리기로 결심하였습니다. 아버지가 주신 현금 4억 원을 가지고요.

> _ 혜연 식당 자리를 알아보고 있는데 생각보다 돈이 많이 들어갈 것 같아요.
> _ 필자 창업이 그리 쉬운 줄 알았습니까? 급하게 마음먹지 말고 우선 오빠의 대차대조표를 보면서 재산 정리하는 방법부터 배워두세요.
> _ 혜연 네!

용호 씨의 재산목록을 보니 모 음료광고처럼 2% 부족한 점이 보이네요. 첫째, 1년을 기준으로 현금화가 가능한 것과 불가능한 것의 구분이 없어서 불편한 것 같고 둘째, 지난번 용호 씨는 은행이자, 경아 씨는 미수수익이라고 한 것처럼 맘대로 명칭을 붙이면 혼동이 될 것 같습니다.

이런 문제점을 해결하기 위해 회계에서는,

1년 안에 현금화가 가능한 재산(자산)	유동자산
1년 후에 현금화가 가능한 재산(자산)	고정자산
1년 안에 갚아야 하는 빚(부채)은	유동부채
1년 후에 갚아도 되는 빚(부채)은	고정부채

라고 부르기로 약속했습니다.

이 부분을 용호 씨 대차대조표에 적용해보면 다음과 같습니다.

대차대조표
(2006. 3. 31. 현재)

(주)김용호 (단위: 원)

자산(재산)	4억 294만 원	부채(빛)	0원
유동자산	1억 2,794만 원	유동부채	0원
예금통장	1억 204만 원		
주식	2,500만 원		
미수수익	90만 원		
고정자산	2억 7,500만 원	고정부채	0원
시골 땅	5,000만 원		
아파트	2억 원		
자동차	2,500만 원		
		자본(내 돈) 4억 294만 원	
		자본금(종자돈)	4억 원
		이익잉여금	294만 원

왜 예금통장, 주식, 미수수익은 유동자산에 들어가고 시골 땅, 아파트, 자동차는 고정자산에 들어갈까요? 예금통장은 1년 안에 현금으로 찾을 수 있을까요, 없을까요? 있습니다. 그리고 증권은 (주)김용호가 1년 안에 팔아서 현금화해야겠다고 보유하고 있으므로 유동자산이 되는 것입니다. 미수수익 90만 원은 7월 1일자로 통장에 현금으로 입금되므로 당연히 유동자산이 됩니다.

시골 땅은 아버지한테 물려받았지만 용호 씨 직장생활과 관계가 없는 투자목적이므로 결국 1년 이상 가지고 있는 것으로 보아야 맞을 것입니다. 그 다음 아파트와 자동차는 무엇에 이용되나요? 용호 씨의 주 영업 활동인 직장생활에 사용되고 있습니다. 용호 씨가 한두 달 다니다가 그만둘까요? 회계에서는 계속 다닌다고 본다는 것입니다. 그래서 사용기간은 당연히 1년 이상이 될 것이므로 고정자산으로 분류하는 것입니다. 그렇다면 시골 땅의 용도와 아파트, 자동차의 용도는 확연하게 차이가 발생합니다. 투자용도 vs 영업용도, 이런 이유로 고정자산 중에서도 각각 구분해야 합니다. 시골 땅은 의미 그대로 고정자산 → 투자자산, 아파트와 자동차는 고정자산 → 유형자산 이라는 이름으로 구분해준답니다. 그럼 유동자산은 허전하겠지요? 그래서 추후 학습하겠지만, 당좌자산과 재고자산으로 구분해준답니다.

당좌자산은 '신속재산, 지급재산'이라고도 합니다. 즉 1년 이내 현금화가 가능한 유동자산 중에서도 신속하게 지급될 수 있을 만큼 현금화가 용이한 자산이라는 뜻입니다. 반면 재고자산은 안 팔리고 창고에 쌓여 있는 물건이라는 뜻이므로 당좌자산에 비해 현금화가 어렵습니다. 위에서 투자자산과 유형자산으로 구분할 때 '투자에 장기간 보유 vs 영업에 장기간 사용'을 기초로 구분했습니다. 당좌자산 vs 재고자산 또한 이런 맥락에서 이해하면 쉽습니다.

그리고 현금＋3개월 이내 현금화가 확정된 유가증권(주식, 채권) 및 단기금융상품(정기예금, 정기적금 등)을 한꺼번에 현금및현금등가물이라고 부르기로 약속했답니다. 그럼 기업에서 이야기하는 현금은 무엇일까요? 우리가 생각하는 현금은 지갑이나 호주머니에 있는 동전이나 지폐를 말하지요? 하지만 기업에서는 그 외에 수표, 보통예금통장 등을 합쳐 모두 현금이라고 부릅니다. 그럼 현금등가물은? 말 그대로 풀이해보면, 현금

대차대조표

(2006. 3. 31. 현재)

(주)김용호 (단위: 원)

자산(재산)	4억 294만 원	부채(빚)	0원
유동자산	1억 2,794만 원	유동부채	0원
당좌자산	1억 2,794만 원		
예금통장	1억 204만 원		
증권	2,500만 원		
미수수익	90만 원		
재고자산	0원		
고정자산	2억 7,500만 원	고정부채	0원
투자자산	5,000만 원		
시골 땅	5,000만 원		
유형자산	2억 2,500만 원		
아파트	2억 원		
자동차	2,500만 원		
		자본(내 돈)	4억 294만 원
		자본금(종자돈)	4억 원
		이익잉여금	294만 원

과 똑같은 가치를 가진 물건이라는 의미입니다. 예를 들어 3개월 이내 만기가 도래하는 주식, 채권, 정기예금, 정기적금 등을 이야기합니다. 중요한 것은 '현금및현금등가물이란 기업이 현금 및 현금과 동일하게 취급하는 물건들인데, 생각보다 많네'라고 이해하면 됩니다.

그리고 주식, 채권의 경우에는 4개월~12개월 투자목적인 경우 단기매매증권, 1년 이상 투자목적인 경우 매도가능증권, 만기까지 보유할 목적인 채권은 만기보유증권입니다. 그러면 원론적인 질문 하나 드리겠습

현금에는 이외에 송금환, 우편환증서, 만기도래한 어음, 만기도래한 공사채이자표, 당좌예금 등이 있고 단기금융상품에는 이외에도 양도성예금증서(CD), 신종기업어음(CP), CMA, 표지어음 등이 있습니다.

니다. 이 결정은 누가 할까요? 금융감독원? 전경련? 한국신용평가? 재경부? 아닙니다. (주)김용호 자신이 하는 것입니다. 기업이 3개월 이내에 확실하게 현금화가 된다면 현금등가물, 4개월~12개월 안에 보유하고 있다가 현금화시켜야겠다면 단기매매증권, 1년 이상 가지고 있겠다고 하면 매도가능증권이라고 부르는 것입니다. 그런데 만기보유증권의 경우 주식은 만기가 있을까요? 정답은, 없습니다. 반대로 채권은 있답니다. 그래서 만기보유증권은 보통 채권을 말하는구나! 라고 이해하면 됩니다.

더불어 땅이라고 부르지 말고 유식하게 토지라고 부르고, 아파트는

■■■ 혼동하기 쉬운 증권(주식, 채권)

항목	기간	쉬운 표현	소속	대차대조표
주식, 채권	0개월~3개월		현금등가물	유동자산
주식, 채권	4개월~12개월	단기투자	단기매매증권	유동자산
주식, 채권	1년 이상	중기투자	매도가능증권	고정자산
채권	만기까지 보유	장기투자	만기보유증권	고정자산

● 채권에는 회사채, 국채, 공채, 전환사채, 신주인수권부사채 등이 있습니다.

건물, 영업활동에 사용하는 자동차는 **차량운반구**로 통일하자고 약속한 것입니다.

지금까지 말씀드린 사항들을 (주)김용호 씨 대차대조표에 적용시켜 볼까요?

대차대조표
(2006. 3. 31. 현재)

(주)김용호   (단위: 원)

자산(재산)	4억 294만 원	부채(빚)	0원
유동자산	1억 2,794만 원	유동부채	0원
당좌자산	**1억 2,794만 원**		
현금및현금등가물	1억 204만 원		
단기매매증권	2,500만 원		
미수수익	90만 원	고정부채	0원
재고자산	0원		
고정자산	2억 7,500만 원		
투자자산	**5,000만 원**	자본(내 돈)	4억 294만 원
토지	5,000만 원	자본금(종자돈)	4억 원
유형자산	**2억 2,500만 원**	이익잉여금	294만 원
건물	2억 원		
차량운반구	2,500만 원		

이렇게 구분해놓으니 어떤가요? 자산은 4억 294만 원인데 1년 안에 현금화가 가능한 자산은 1억 2,794만 원, 당좌자산은 1억 2,794만 원, 재고자산은 0원, 1년 후에 현금화가 가능한 자산은 2억 7,500만 원인데 투자자산은 5,000만 원, 유형자산은 2억 2,500만 원이라고 한눈에 알아볼 수 있지요? 그리고 부채는 0원이므로 이 자산은 전부 자본(용호 씨 돈)이라는 것도 알 수 있습니다.

② _ 자본금

혜연 씨는 이후 밭품을 팔아가며 식당자리를 물색하면서 한우, 주류, 식탁, 정수기 등을 준비했고 드디어 2007년 1월 1일 (주)황소가든을 개업했습니다.

혜연 씨가 (주)황소가든을 개업하는 과정에서 노트에 적어놓은 내용을 보니 다음과 같았습니다.

1) 내가 가진 장사 밑천은 보통예금 통장에 있는 4억 원인데 액면가 5,000 원짜리 주식으로 8만 주를 발행했다.

이런 내용을 정리할 때는 내 손에 들어왔거나 들어올 좋은 것과 나쁜 것은 왼쪽에, 내 손에서 나갔거나 나갈 좋은 것과 나쁜 것은 오른쪽에 적으면 됩니다.

위 내용을 보면 황소가든에 뭐가 들어왔지요? 현금및현금등가물 4억 원이라는 자산이 들어왔습니다. 대신에 뭐가 나갔지요? 8만 주라는 주식 (자본금)이 나간 것입니다.

왼쪽(자산)	오른쪽(부채, 자본)
현금및현금등가물 4억 원	주식(자본금) 4억 원

대차대조표 (주식발행 전)　　　대차대조표 (주식발행 후)

혜연 씨　　　　　　　　　　　　(주) 황소가든　　　　　　(단위: 원)

자산	부채	자산	부채
1. 유동자산	1. 유동부채	1. 유동자산	1. 유동부채
1) 당좌자산		1) 당좌자산	
현금및현금등가물 4억 원	2. 고정부채	현금및현금등가물 4억 원	2. 고정부채
2. 고정자산		2. 고정자산	
	자본　4억 원		자본　　4억 원 자본금 4억 원 (장사 밑천)

현금흐름표

(주) 황소가든　　　　　　　　　　　　　　　　　　(단위: 원)

1. 영업활동	
1) 당기순이익	
2) 영업외수익, 영업외비용, 자산부채의 변동	
2. 투자활동	
3. 재무활동 　보통주의 발행	+4억 원 +4억 원
4. 현금의 증가	4억 원
5. 기초의 현금	0원
6. 기말의 현금	4억 원

주식발행 전을 보면 자본 4억 원, 현금및현금등가물 4억 원이라고 적혀 있습니다. 자본 4억 원은 혜연 씨 돈 4억 원이라는 뜻이고, 이 4억 원을 현금및현금등가물로 가지고 있다는 뜻입니다. 회계에서는 현금 따로 현금등가물 따로 적지 않고 현금및현금등가물이라고 통일해서 적는다고 했지요? 그래서 현금및현금등가물 4억 원이라고 적은 것입니다. 그것은 혜연 씨가 4억 원을 가지고 있는데 현금및현금등가물로 4억 원을 가지고 있다는 뜻입니다.

또 주식발행 후를 보면 주식회사라는 뜻은 혜연 씨 돈 4억 원을 받은 대신에 4억 원어치 주식을 발행했다는 뜻입니다. 액면가 5,000원짜리 주식으로 말이지요. 그런데 '액면가'는 무엇일까요? 우리가 쓰는 돈은 100원, 500원, 1,000원, 5,000원, 10,000원 이런 단위지요? 주식도 마찬가지로 액면가 100원, 500원, 1,000원, 5,000원, 10,000원짜리가 있습니다. 그럼 4억 원 어치를 5,000원짜리로 발행했다면 5,000원짜리 몇 장이죠? 4억 원/5,000원=8만 주입니다. 지폐는 1장, 2장이라고 부르지만 주식은 1주, 2주 이렇게 부릅니다. 그럼 4억 원(장사 밑천)=5,000원×8만 주네요. 이는 자본금(장사 밑천)=액면가×주식 수라는 뜻이랍니다.

다음으로 현금흐름표를 보면 황소가든이 설립되기 전에는 현금및현금등가물이 0원이었습니다. 아닌데! 4억 원이 있잖아요? 2007년 1월 1일 황소가든이 설립되기 전에는 황소가든 돈이 아니라 혜연 씨 개인 돈이었지요. 그래서 5.기초의 현금은 0원이랍니다. 그리고 혜연 씨가 황소가든 장사 밑천으로 4억 원을 현금및현금등가물로 내놨지요. 그래서 4.현금의 증가가 4억 원이 되었고 0원+4억 원을 하니까 6.기말의 현금 4억 원이 된 것입니다.

이어서 영업활동, 투자활동, 재무활동을 설명하겠습니다.

(1) 영업활동

앞서 용호 씨 손익계산서 구조를 보면 매출액, 매출원가, 판관비, 영업외수익, 영업외비용, 세금(법인세) 등을 더하고 빼서 나온 것이 당기순이익이었습니다. 예를 들어 황소가든에서 고기 10만 원 어치를 팔았는데 현금으로 받은 경우에는 매출 10만 원과 현금및현금등가물 10만 원이 일치합니다. 즉, 매출 10만 원과 통장잔액이 일치합니다. 하지만 외상으로 팔았다면 매출 10만 원과 현금및현금등가물 10만 원이 맞지 않습니다. 즉 장부와 통장잔액이 맞지 않는 관계로 외상으로 팔았다면 10만 원을 마이너스 시켜야 통장잔액과 맞을 것입니다. 이렇게 영업활동과 관련하여 현금이 들어오고 나간 것을 적어주는 난이 영업활동입니다.

(2) 투자활동

투자활동 하니까 부동산투자, 주식, 채권투자 금융상품(정기예금, 정기적금 등) 투자, 시설투자가 생각나지요? 맞습니다! 이런 활동을 투자활동이라고 합니다. 예를 들어 건물을 샀습니다. 그럼 황소가든 입장에서 건물을 사기 위해 현금이 나갔으니까 마이너스가 됩니다. 반대로 건물을 팔았습니다. 황소가든에 현금이 들어오니까 플러스가 되는 원리입니다.

(3) 재무활동

재무라는 말을 들으니까 저는 은행이 생각납니다. 돈 빌리고 돈 갚는 것과 같은…. 이런 활동을 재무활동이라고 합니다. 예를 들어 황소가든

주식회사 설립

이 은행에서 돈을 빌리면 돈이 들어오니까 플러스가 됩니다. 반대로 은행에 빌린 돈을 갚으면 돈이 나가므로 마이너스가 되는 것입니다. 그리고 유상증자 등을 통해 주주에게서 돈을 투자받는 행위, 사채발행을 통해 불특정다수로부터 돈을 빌리는 행위, 갚는 행위 등을 통틀어 재무활동이라고 합니다.

그럼 혜연 씨가 황소가든에 4억 원을 장사 밑천으로 댄 것은 무슨 활동일까요? 영업활동은 황소가든이 영업을 시작해야 발생하는 것이므로 영업활동은 아니고, 재무활동은 부동산을 구입하든지 주식투자를 하든지 금융상품, 시설투자 등을 해야 발생하는 것이니까 상관이 없습니다. 그럼 재무활동밖에 없네요. 황소가든이 혜연 씨에게서 4억 원이라는 돈을 자본금으로 받은 대신에 주식 8만 주를 준 것이므로 재무활동에 포함된답니다. 플러스일까요, 마이너스일까요? 황소가든 입장에서 돈이 들어온 것이니까 당연히 플러스입니다. +4억 원.

2) 장사 밑천에 보태기 위해 오빠에게 5,000만 원, 고향마을 사람들에게 5,000만 원을 주당 5,000원에 투자받다.

내 손에 들어왔거나 들어올 것은 현금및현금등가물 5,000만 원이라는 자산, 내 손에서 나가거나 나갈 것은 주식(자본금) 2만 주입니다.

1억 원은 투자자들로부터 현금으로 받은 것이므로 현금및현금등가물이 1억 원 증가합니다. 자본금도 1억 원이 늘었네요. 그럼 1억 원/5,000원=2만 주이므로 황소가든 주식 수도 8만 주에서 10만 주로 늘었다는 뜻입니다. 다음으로 현금흐름표를 보면 황소가든이 용호 씨와 고향마을

(단위: 원)

자산	부채	자산	부채
1. 유동자산	1. 유동부채	1. 유동자산	1. 유동부채
1) 당좌자산		**1) 당좌자산**	
현금및현금등가물 4억 원	2. 고정부채	현금및현금등가물 5억 원	2. 고정부채
2. 고정자산		2. 고정자산	
	자본　　　4억 원 자본금　4억 원 (장사 밑천)		자본　　　5억 원 자본금　5억 원 (장사 밑천)

현금흐름표

(주) 황소가든

(단위: 원)

1. 영업활동	
1) 당기순이익	
2) 영업외수익, 영업외비용, 자산부채의 변동	
2. 투자활동	
3. 재무활동 보통주의 발행	+1억 원 +1억 원
4. 현금의 증가	1억 원
5. 기초의 현금	4억 원
6. 기말의 현금	5억 원

사람들에게 1억 원이라는 돈을 투자받았지요. 황소가든이 혜연 씨에게 4억 원을 투자받은 경우와 동일하므로 재무활동 +1억 원이 되는 것이며,

기말의 현금도 +1억 원 늘어서 5억 원이 되는 것입니다.

한편, 주식회사에서 주인은 누구일까요? 주식 많이 갖고 있는 사람입니다. 그렇다면 황소가든의 주인은 누구일까요? 김혜연 씨입니다. 10만 주 중에서 8만 주(80%)나 가지고 있으니까요. 회계에서는 이런 사람을 가리켜 최대주주라고 부릅니다. 그리고 김용호 씨처럼 김혜연 씨와 특수한 관계(친인척, 회사임원 등)에 있는 사람을 가리켜 특수관계인이라고 부르고요. 고향마을 사람들 같은 경우 적은 금액을 투자했다는 뜻으로 '소액(개인)주주'라고 부릅니다.

그리고 김혜연 씨, 김용호 씨, 고향마을 사람들 모두 이제는 황소가든이 앞으로 장사가 잘 되느냐 잘 되지 않느냐에 따라 자신의 투자금이 왔다 갔다 하는 이해관계가 걸려 있을 것입니다. 회계에서는 이런 사람들을 모두 가리켜 이해관계자라고 합니다.

3 _ 금융상품, 증권

3) 1년 만기 정기예금 1,000만 원과, 1년 3개월 만기 정기예금 1,000만 원을 일시불로 가입했다.(연 6% 이자)

들어온 것은 단기금융상품 1,000만 원과, 장기금융상품 1,000만원이라는 자산, 나간 것은 현금및현금등가물 2,000만 원이라는 자산.

4) 1년 투자목적으로 1,000만 원, 1년 3개월 투자목적으로 1,000만 원
   어치 주식을 매수했다.

들어온 것은 주식 2,000만 원이라는 자산, 나간 것은 현금및현금등가
물 2,000만 원이라는 자산.

대차대조표

〈예금가입·증권매수 전〉   〈예금가입·증권매수 후〉

(단위: 원)

자산	부채	자산	부채
1. 유동자산	1. 유동부채	1. 유동자산	1. 유동부채
1) 당좌자산		**1) 당좌자산**	
현금및현금등가물 5억 원	2. 고정부채	현금및현금등가물 4.6억 원	2. 고정부채
		단기금융상품 1,000만 원 단기매매증권 1,000만 원	
2. 고정자산		2. 고정자산	
	자본 5억 원 자본금 5억 원 (장사 밑천)	1) 투자자산 장기금융상품 1,000만 원 매도가능증권 1,000만 원	자본 5억 원 자본금 5억 원 (장사 밑천)

1년 만기, 1년 3개월 만기인 정기예금에 각각 1,000만 원을 가입했을
때 대차대조표에는 단기금융상품 1,000만 원, 장기금융상품 1,000만 원
으로 표시됩니다. 이유는 말씀드렸지요? 대차대조표 작성일(예: 2007년 1
월 1일 현재)을 기준으로 만기가 1년 이내라면 단기금융상품, 1년 이후라
면 장기금융상품이 되는 것입니다. 이에 반해 증권은 황소가든이 자의적

현금흐름표

(주) 황소가든 (단위: 원)

1. 영업활동	
1) 당기순이익	
2) 영업외수익, 영업외비용, 자산부채의 변동	
2. 투자활동	−4,000만 원
단기금융상품 취득	−1,000만 원
단기매매증권 취득	−1,000만 원
장기금융상품 취득	−1,000만 원
매도가능증권 취득	−1,000만 원
3. 재무활동 보통주의 발행	+5억 원 +5억 원
4. 현금의 증가	−4,000만 원
5. 기초의 현금	5억 원
6. 기말의 현금	4.6억 원

으로 정한 투자기간에 따라 단기매매증권(4~12개월), 매도가능증권(1년 이상)으로 나눠진다는 점에서 금융상품과 다릅니다. 대차대조표에 기록할 때는 단기금융상품, 단기매매증권은 '유동자산 → 당좌자산'에, 장기금융상품, 매도가능증권은 '고정자산 → 투자자산'에 각각 기록되어야 한답니다.

현금흐름표에서는 이전에 살펴본 영업활동, 투자활동, 재무활동 중 금융상품과 주식투자를 한 것이므로 투자활동에 해당될 것입니다. 그럼 황소가든 입장에서 돈이 나간 걸까요, 들어온 걸까요? 주식을 살려면 돈이 나가야 하고 금융상품에 가입하려면 돈이 나갈 것입니다. 그러므로 투자활동 -4,000만 원이 되는 것입니다. 그래서 4.현금의 증가 -4,000만 원이 되는 것이며 5.기초의 현금은 혜연 씨와 용호 씨 마을 사람들의 투자금 5억 원이므로 6.기말의 잔고는 4억 6,000만 원이 되는 것입니다.

4_ 재고자산

6) 황소가든은 소주 500만 원과 고향에서 고기 2,000만 원 어치를 구입했는데 소주는 현금으로 지급했고 고기 값 1,000만 원은 현금, 나머지 고기 값 1,000만 원은 외상으로 구입했다.

내 손에 들어온 것은 소주 500만 원 어치와 고기 2,000만 원 어치라는 자산. 내 손에서 나갔거나 나갈 좋은 것과 나쁜 것은? 현금 1,500만 원이라는 자산과, '나중에 갚을게'라는 외상 1,000만 원.

"당좌자산은 유동자산 중에서도 신속하게 지급될 수 있을 만큼 현금화가 용이한 자산인 반면, 재고자산은 안 팔리고 창고에 쌓여 있는 물건이라는 뜻이므로 당좌자산에 비해서는 현금화가 어렵다"라고 했습니다. 그리고 재고자산은 황소가든의 주 메뉴(매출)인 육회와 한우불고기를 만들고 소주를 팔기 위해 보유하고 있는 자산입니다.

더불어 재고자산은 크게 제품, 상품, 원재료 세 가지가 있답니다. 제품은 직접 만들어서 파는 물건, 상품은 남이 만든 것을 가져다가 파는 물건, 원재료는 제품을 제조할 목적으로 구입한 원료를 말합니다. 외울 필

대차대조표

자산	부채	자산	부채
1. 유동자산	1. 유동부채	1. 유동자산	**1. 유동부채**
1) 당좌자산		**1) 당좌자산**	매입채무 1,000만 원
현금및현금등가물 4.6억 원	2. 고정부채	현금및현금등가물 4.45억 원	2. 고정부채
단기금융상품　1,000만 원 단기매매증권　1,000만 원		단기금융상품　　1,000만 원 단기매매증권　　1,000만 원 2) 재고자산 상품(소주)　　　500만 원 원재료(고기)　2,000만 원	
2. 고정자산		2. 고정자산	
1) 투자자산 장기금융상품　1,000만 원 매도가능증권　1,000만 원	자본　　　5억 원 자본금 5억 원 (장사 밑천)	1) 투자자산 장기금융상품　1,000만 원 매도가능증권　1,000만 원	자본　　　　5억 원 　자본금　　5억 원 (장사 밑천)

요는 없고 이해만 하세요. 시골에서 가져온 고기는 원재료에 해당됩니다. 고기가 혜연 씨의 음식솜씨를 통해 먹음직스런 육회와 불고기라는 제품이 되기 때문입니다. 그리고 소주는 소주회사에서 만들어놓은 것을 가져다가 파는 물건이므로 상품이라고 부릅니다. 이런 이유로 재고자산에 상품(소주) 500만 원, 원재료(고기) 2,000만 원이라고 적은 것입니다.

그리고 보통 식당에서 단골들이 가끔 술, 고기 먹고 "달아놔요!" 하면서 가는 분들이 있습니다. 슈퍼 같은 곳에서도 물건 샀는데 돈이 부족하거나 없을 때는 "아저씨 외상 달아놓으세요!"라는 이야기를 하고 갑니다. 마찬가지로 황소가든이 시골 고향 마을 식육점에서 2,000만 원 어치

고기를 사오면서 1,000만 원은 현금 주고 1,000만 원은 "외상 달아놓으세요!" 하고 가져온 것입니다. 그럼 외상이라고 해야지 왜 매입채무라고 할까요? 회계는 유식하고 고상한 말을 좋아합니다. 지금까지 유식하게 표현한 항목들을 생각해볼까요? 현금및현금등가물, 금융상품, 토지, 건물, 자본금, 자산, 부채, 자본 등. 그러니까 외상이라는 말 또한 유식하게 매입채무라는 말을 쓰기로 약속한 것입니다.

그런데 매입채무의 뜻이 무엇일까요? 매입은 '샀다', 반대로 매출은

현금흐름표

(주) 황소가든   (단위: 원)

1. 영업활동	
1) 당기순이익	
2) 영업외수익, 영업외비용, 자산부채의 변동	-1,500만 원
재고자산의 증가 매입채무의 증가	-2,500만 원 +1,000만 원
2. 투자활동	-4,000만 원
단기금융상품 취득	-1,000만 원
단기매매증권 취득	-1,000만 원
장기금융상품 취득	-1,000만 원
매도가능증권 취득	-1,000만 원
3. 재무활동 보통주의 발행	+5억 원 +5억 원
4. 현금의 증가	-1,500만 원
5. 기초의 현금	4.6억 원
6. 기말의 현금	4.45억 원

'팔았다'라는 뜻입니다. 그리고 채무자, 채권자라는 말 들어보셨죠? 채무는 갚을 의무, 채권은 받을 권리입니다. 채권자 하니까 불현듯 덩치 큰 사람들이 생각나네요. 의미 그대로 풀이해보면 매입채무는 '샀는데 갚을' 의무, 매출채권은 '팔았는데 받을' 권리입니다. 그럼 매입채무는 앞으로 갚아야 할 빚이네요. 그래서 부채에 매입채무 1,000만 원이라고 적은 것입니다. 이렇게도 말할 수 있겠습니다. 재고자산 사면서 외상한 돈.

황소가든은 이전에는 재고자산이 0원이었습니다. 그런데 처음으로 소주 500만 원과 고기 2,000만 원 어치를 구입했습니다. 그럼 2,500만 원-0원=재고자산 2,500만 원이 증가한 것이네요. 그래서 재고자산의 증가 2,500만 원이라고 적은 것입니다. 그럼 이 2,500만 원은 황소가든 입장에서는 돈이 나간 걸까요, 들어온 걸까요? 고기 사기 위해 돈이 나간 것입니다. 그런데 부채부분을 보니 매입채무가 있습니다. 매입채무는 뭐라고 했지요? '재고자산 사면서 외상한 것'. 그럼 매입채무 1,000만 원 어치는 돈을 안 줬다는 이야기네요. 줄 돈을 안 줬으니까 현금박치기에서는 이득이군요.

정리해보면, 재고자산 2,500만 원 어치가 늘어나서 돈 2,500만 원 전부가 나간 줄 알고 -2,500만 원을 해줬는데 매입채무 1,000원이 있어서 이만큼 더해주니 실제로 소주와 고기 사면서 나간 돈은 -1,500만 원이라는 뜻입니다. 그리고 영업활동에 필요한 재고자산이라는 자산과 매입채무라는 부채의 변동이 있으므로 '영업활동 → 자산부채의 변동' 부분에 적어주는 것입니다.

5 _유형자산

7) 토지(2억 원), 건물(1억 원)을 총 3억 원에 구입했다.

　내 손에 들어온 것은 토지(2억 원), 건물(1억 원)이라는 자산이며 내 손에서 나간 것은 3억 원이라는 현금.

8) 신속한 조리를 위해 고기절단기를 1,000만 원에 구입했다.

　내 손에 들어온 것은 고기절단기(1,000만 원)라는 자산이며 나간 것은 1,000만 원이라는 현금.

9) 식탁, 정수기 등을 2,000만 원에 구입했는데 1,000만 원은 현금, 나머지 1,000만 원은 외상으로 구입했다.

　내 손에 들어온 것은 식탁, 정수기라는 유형자산이며 나간 것은 1,000만 원이라는 현금과 외상 1,000만 원.

　토지에는 크게 두 가지가 있지요? 용호 씨의 시골 땅처럼 투자목적으로 가지고 있는 토지는 투자자산인 반면, 황소가든의 영업활동에 사용할 목적으로 구입한 토지는 유형자산입니다. 건물도 마찬가지입니다. 만약에 황소가든이 투자목적으로 토지를 구입했다면 '유형자산 → 토지'가 아닌 '투자자산 → 토지'가 될 것입니다. 더불어 토지 vs 건물·기계장

대차대조표

(단위: 원)

자산	부채	자산	부채
1. 유동자산	1. 유동부채	1. 유동자산	1. 유동부채
1) 당좌자산	매입채무 1,000만 원	1) 당좌자산	매입채무 1,000만 원 미지급금 1,000만 원
현금및현금등가물 4.45억 원	2. 고정부채	현금및현금등가물 1.25억 원	2. 고정부채
단기금융상품　1,000만 원 단기매매증권　1,000만 원 2) 재고자산 상품(소주)　　500만 원 원재료(고기) 2,000만 원		단기금융상품　1,000만 원 단기매매증권　1,000만 원 2) 재고자산 상품　　　　　500만 원 원재료　　　2,000만 원	
2. 고정자산		2. 고정자산	
1) 투자자산 장기금융상품　1,000만 원 매도가능증권　1,000만 원	자본　　　　　5억 원 　자본금　　　5억 원 (장사 밑천)	1) 투자자산 장기금융상품　1,000만 원 매도가능증권　1,000만 원 2) 유형자산 토지　　　　　　2억 원 건물　　　　　　1억 원 기계장치　　 1,000만 원 비품　　　　 2,000만 원	자본　　　　　5억 원 　자본금　　　5억 원 (장사 밑천)

치·비품의 차이를 살펴보면 토지는 오래 사용한다고 닳지 않지만 건물·기계장치·비품은 사용하면 할수록 닳습니다. '값어치가 떨어지지 않는다 vs 값어치가 떨어진다' 라는 점을 염두에 두시기 바랍니다.

　황소가든이 제조업체라고 가정하면 주방은 공장입니다. 원재료인 고기를 육회, 한우불고기라는 제품으로 만들어주는 곳이니까요. 이 과정에서 고기절단기라는 기계장치가 필요하게 된 것이고요. 반면 식탁, 정수기는 생산이 아닌 육회와 한우불고기, 소주 판매를 위해 사용되는 비품에 해당될 것입니다. 즉, 육회와 한우불고기라는 제품생산에 사용된다면 기계장치, 그렇지 않고 판매 및 관리활동에 사용된다면 비품이라고 이해하면 됩니다. 물론 기계장치, 비품이라는 단어 또한 약속에 의해 사용하는 항목입니다.

재고자산인 고기를 사오면서 외상은 매입채무 1,000만 원이라고 했는데 왜 비품 구입시 외상은 미지급금 1,000만 원일까요? 고기를 육회, 한우불고기로 만들어서 마진 붙여서 팔면 황소가든의 매출액이 됩니다. 하지만 식탁, 정수기는 육회, 한우불고기 만들기 위해서 구입한 것이 아니므로 매출액이 될 수는 없겠지요. 즉, 영업활동에 도움을 주려고 구입한 것입니다.

그런데 이 두 가지를 똑같이 매입채무라고 해버린다면 어떻게 될까요? 용호 씨, 고향마을 사람들과 같은 이해관계자들이 이해할 수 있을까요? 고기를 사면서 외상을 한 건지, 식탁이나 정수기를 사면서 외상을 한 건지 전혀 알 수가 없다는 것입니다. 그래서 회계에서는 이를 구분하기 위해 재고자산을 사면서 외상 한 것은 매입채무, 재고자산 이외인 토지나 건물, 기계장치, 식탁, 정수기 등을 사면서 외상 한 것은 미지급금이라고 쓰기로 약속한 것입니다.

다음의 현금흐름표에서는 부동산투자, 증권(주식, 채권)투자, 금융상품(정기예금, 정기적금 등)투자, 시설투자(토지, 건물, 비품 등) 등을 투자활동이라고 했습니다. 토지, 건물, 기계장치, 비품 모두 해당되므로 투자활동난에 적은 것이며 토지 2억 원, 건물 1억 원, 기계장치 1,000만 원, 비품 2,000만 원을 구입하기 위해 황소가든 현금 3억 3,000만 원이 나갔으므

현금흐름표

(주) 황소가든   (단위: 원)

1. 영업활동	
1) 당기순이익	
2) 영업외수익, 영업외비용, 자산부채의 변동	-500만 원
재고자산의 증가	-2,500만 원
매입채무의 증가	+1,000만 원
미지급금의 증가	+1,000만 원
2. 투자활동	-3.7억 원
단기금융상품 취득	-1,000만 원
단기매매증권 취득	-1,000만 원
장기금융상품 취득	-1,000만 원
매도가능증권 취득	-1,000만 원
토지의 취득	- 2억 원
건물의 취득	- 1억 원
기계장치의 취득	-1,000만 원
비품의 취득	-2,000만 원
3. 재무활동	+5억 원
보통주의 발행	+5억 원
4. 현금의 증가	-3.2억 원
5. 기초의 현금	4.45억 원
6. 기말의 현금	1.25억 원

로 마이너스가 되는 것입니다.

　그런데 이 중 비품 구입대금 1,000만 원이 미지급금입니다. 이 미지급금 1,000만 원을 어디에 적어야 할까요? 투자활동? 아닙니다. 투자활동은 구입과 처분금액에 대해서만 적어줍니다. 그리고 유형자산이 뭐라고 했지요? 영업활동에 장기간 사용할 목적으로 구입한 자산이라고 했습니다. 그렇다면 미지급금은 영업활동에 사용할 비품대금 중 1,000만 원을 외상 한 것인데 부채이므로 '영업활동 → 자산부채의 변동' 난에 적어야 하는 것입니다. 당연히 나가야 할 돈이 안 나갔으므로 +1,000만 원이 돼야겠죠. 그럼 3억 3,000만 원−1,000만 원=현금및현금등가물 3억 2,000만 원이 실제로 나간 돈이 되는 것입니다.

6 _ 단기차입금, 장기차입금, 사채

10) 1년 뒤 갚기로 하고 은행에서 2,400만 원을 차입했다.(연 6% 이자)

내 손에 들어온 것은 현금및현금등가물 2,400만 원이고 내 손에서 나갈 것은 단기차입금이라는 1년 뒤 갚아야 할 부채 2,400만 원.

11) 1년 3개월 후 갚기로 하고 은행에서 2,400만 원을 차입했다.(연 6% 이자)

내 손에 들어온 것은 현금및현금등가물 2,400만 원이고 내 손에서 나갈 것은 장기차입금이라는 1년 3개월 뒤 갚아야 할 부채 2,400만 원.

12) 3년 후 갚기로 하고 사채 1,000만 원을 발행했다.(연 5% 이자)

10), 11)의 경우를 보면 모두 은행에서 돈을 빌렸습니다. 차이는 1년과 1년 3개월이라는 것입니다. 이와 같이 통상 은행과 같은 금융기관을 통해 빌린 돈을 차입금이라고 합니다. 그리고 1년 안에 갚아야 할 차입금을 단기차입금, 1년 후에 갚아도 되는 차입금을 장기차입금이라고 부르

대차대조표

(차입, 사채 발행 전)　　　　　　　　　　　(차입, 사채 발행 후)

(단위 : 원)

자산	부채	자산	부채
1. 유동자산	1. 유동부채	1. 유동자산	**1. 유동부채**
1) 당좌자산	매입채무 1,000만 원 미지급금 1,000만 원	**1) 당좌자산**	매입채무　1,000만 원 미지급금　1,000만 원 단기차입금 2,400만 원
현금및현금등가물 **1.25억 원**	2. 고정부채	현금및현금등가물 1억 8,220만 원	**2. 고정부채**
단기금융상품 1,000만 원 단기매매증권 1,000만 원 2) 재고자산 상품　　　500만 원 원재료　2,000만 원		단기금융상품 1,000만 원 단기매매증권 1,000만 원 2) 재고자산 상품　　　500만 원 원재료　2,000만 원	장기차입금 2,400만 원 사채　　　920만 원 사채할인발행차금 　　　　(-)80만 원
2. 고정자산		2. 고정자산	
1) 투자자산 장기금융상품 1,000만 원 매도가능증권 1,000만 원 2) 유형자산 토지　　　2억 원 건물　　　1억 원 기계장치　1,000만 원 비품　　　2,000만 원	자본　　　5억 원 　자본금　　5억 원 (장사 밑천)	1) 투자자산 장기금융상품 1,000만 원 매도가능증권 1,000만 원 2) 유형자산 토지　　　2억 원 건물　　　1억 원 기계장치　1,000만 원 비품　　　2,000만 원	자본　　　5억 원 　자본금　　5억 원 (장사 밑천)

고요. 단기와 장기를 나누는 기준은 1년이라는 것을 쉽게 알 수 있겠지요? 그럼 단기차입금과 장기차입금을 나누는 기준은 은행에 갚기로 약속한 1년, 1년 3개월일까요? 아닙니다. 은행에 갚기로 한 날짜 기준이 아니라 대차대조표 작성일(예: 2007년 1월 1일 현재)을 기준으로 1년 안에 갚아야 할 차입금이라면 단기차입금, 1년 후에 갚아도 되는 차입금이라면 장기차입금으로 나누는 것입니다. 물론 이자는 당연합니다.

12) 차입금은 통상 금융기관을 통해 빌리는 돈이고, 사채는 불특정 다수의 투자자들을 대상으로 빌리는 돈입니다. 그리고 주식투자를 해보신 분이라면 누구나 한 번쯤은 들어보셨을, 주식을 낚싯밥으로 투자자에게 돈을 빌리는 전환사채, 신주인수권부사채도 있습니다. 세 가지 모두 사채에 포함됩니다. 그럼 사채 vs 전환사채, 신주인수권부사채의 차이는 무엇일까요? 주식으로 전환하거나 전환할 수 있는 권리라는 부분에서 발생하는 차이입니다.

그리고 내 손에 들어온 것은 920만 원이라는 현금및현금등가물이며 내 손에서 나갈 것은 3년 뒤 사채 1,000만 원이라는 부채입니다. 80만 원은 어디 갔지요?

현재 1,000만 원과 3년 뒤 1,000만 원 중 어느 쪽이 가치가 높을까요? 당연히 지금 1,000만 원의 가치가 높을 것입니다. 그리고 지금 150만 원 가치와 1년마다 이자 50만 원 해서 3년 뒤 받게 될 150만 원 가치 중 어느 쪽이 높을까요? 당연히 지금 150만 원 가치가 높겠지요. 물가는 오르고 돈 가치는 떨어지는데…. 그래서 돈 빌려주는 사람들이 원금 1,000만 원과 이자 150만 원을 자신들이 받기로 한 8% 이자로 할인해보니 현재 가치로 920만 원이므로 1,000만 원이 아닌 920만 원을 황소가든에 빌려주는 것이며, 황소가든은 원금과 차이 나는 금액 80만 원을 사채할인발행차금(사채를 싸게 발행해서 차이 나는 금액)이라 해서,

사채	920만 원
사채할인발행차금	(−)80만 원

위와 같은 형식으로 적어주는 것입니다. 그럼 결국 사채를 빌려주는 투자자 입장에서는 돈 빌려줄 때 80만 원 이득 보고 매년 이자 5%(50만 원)를 받는 것입니다. 그런데 왜 (−)80만 원으로 마이너스 표시를 해줘야 하지요? 사채할인발행차금은 결국 황소가든 입장에서는 이자비용입니다. 이유는 3년 뒤에 사채 920만 원이 아닌 1,000만 원을 상환해야 하니까요. 아, (−)80만 원이라는 금액이 줄어들면서 반대로 대차대조표 사채원금은 늘어나니까 갚을 때는 1,000만 원이 되는 거군요.

단기차입금, 장기차입금, 사채발행 모두 황소가든이 돈을 빌리는 행위, 즉 재무활동을 통해 황소가든에 들어온 돈이므로 플러스입니다. 단, 사채는 빌릴 때 선이자를 떼고 1,000만 원의 사채를 빌려왔는데 실제로 들어온 돈은 920만 원이므로 1,000만 원이 아닌 920만 원을 적어준 것입니다.

현금흐름표

(주) 황소가든   (단위: 원)

1. 영업활동	
1) 당기순이익	
2) 영업외수익, 영업외비용, 자산부채의 변동	-500만 원
재고자산의 증가	-2,500만 원
매입채무의 증가	+1,000만 원
미지급금의 증가	+1,000만 원
2. 투자활동	-3.8억 원
단기금융상품 취득	-1,000만 원
단기매매증권 취득	-1,000만 원
장기금융상품 취득	-1,000만 원
매도가능증권 취득	-1,000만 원
토지의 취득	- 2억 원
건물의 취득	- 1억 원
기계장치의 취득	-1,000만 원
비품의 취득	-2,000만 원
3. 재무활동	+5억 5,720만 원
보통주의 발행	+5억 원
단기차입금의 차입	+2,400만 원
장기차입금의 증가	+2,400만 원
사채의 발행	+920만 원
4. 현금의 증가	5,720만 원
5. 기초의 현금	1.25억 원
6. 기말의 현금	1억 8,220만 원

재무제표
03 작성

설립된 (주)황소가든의 1/4분기(1월 1일~3월 31일) 영업활동 과정을 대차대조표, 손익계산서, 현금흐름표를 작성해가면서 살펴보도록 하겠습니다.

① _ 손익계산서 매출액, 영업이익

혜연 씨는 부푼 기대를 안고 장사를 시작했습니다. 1월에 1,000만 원, 2월에 2,000만 원 어치를 팔았고 3월에는 드디어 그동안 오신 손님들의 입소문을 통해(혜연 씨의 미모와 음식솜씨를 알았던지) 무려 3,000만 원 어치를 팔았습니다. 계산해보니 1,000만 원+2,000만 원+3,000만 원 해서 3개월 동안 6,000만 원 어치를 팔았습니다. 마진은 40%였으며 5,500만 원 매출 중에서 한우불고기가 70%를 차지했습니다. 그리고 소주는 500만 원 어치 팔았으며 마진은 50%였습니다.

그 밖에 종업원 아주머니를 한 달에 100만 원을 주기로 하고 고용했으며 식당 홍보 차원에서 주변 아파트 단지에 전단지 30만 원 어치를 돌렸으며 식당에서 쓴 수도·전기 요금은 100만 원이었습니다. 더불어 3,000만 원 어치 고기와 500만 원 어치 소주를 더 가져왔으며 매입채무 500만 원을 갚았고 손님들이 외상 한 금액은 500만 원이었습니다.

이 내용을 표로 정리해보면 다음과 같습니다.

(단위: 원)

손익계산서 관련 유무	항 목	금 액	비 고
○	육회, 불고기 매출	5,500만 원	마진 40%, 불고기 70%
○	소주 매출	500만 원	마진 50%
○	종업원 아주머니	300만 원	한 달에 100만 원
○	전단지	30만 원	주변 아파트 단지 홍보
○	전기·수도 요금	100만 원	3개월
×	고기 매입	3,000만 원	고향마을 식육점(2,000만 원 외상)
×	소주 매입	500만 원	도매점
×	매입채무 상환	500만 원	고향마을 식육점
×	매출채권 발생	500만 원	단골손님들에게 외상 매출

대차대조표

〈영업시작 시점〉　　　　　　　　　　　　　　　〈고기·소주 매입, 매입채무 반영시〉

(단위: 원)

자산	부채	자산	부채
1. 유동자산	1. 유동부채	1. 유동자산	1. 유동부채
1) 당좌자산	매입채무　　1,000만 원 미지급금　　1,000만 원 단기차입금 2,400만 원	**1) 당좌자산**	매입채무　　2,500만 원 미지급금　　1,000만 원 단기차입금 2,400만 원
현금및현금등가물 　　　　　1억 8,220원	2. 고정부채	현금및현금등가물 　　　　　1억 6,220원	2. 고정부채
단기금융상품 1,000만 원 단기매매증권 1,000만 원 2) 재고자산　2,500만 원 상품　　　　　500만 원 원재료　　　2,000만 원	장기차입금 2,400만 원 사채　　　　　920만 원 사채할인발행차금 　　　　(-)80만 원	단기금융상품 1,000만 원 단기매매증권 1,000만 원 **2) 재고자산　6,000만 원** 상품　　　　1,000만 원 원재료　　　5,000만 원	장기차입금 2,400만 원 사채　　　　　920만 원 사채할인발행차금 　　　　(-)80만 원
2. 고정자산		2. 고정자산	
1) 투자자산 장기금융상품 1,000만 원 매도가능증권 1,000만 원 2) 유형자산 토지　　　　　2억 원 건물　　　　　1억 원 기계장치　　1,000만 원 비품　　　　2,000만 원	자본　　　　　5억 원 　자본금　　　5억 원 (장사 밑천)	1) 투자자산 장기금융상품 1,000만 원 매도가능증권 1,000만 원 2) 유형자산 토지　　　　　2억 원 건물　　　　　1억 원 기계장치　　1,000만 원 비품　　　　2,000만 원	자본　　　　　5억 원 　자본금　　　5억 원 (장사 밑천)

　　　왼쪽 대차대조표는 황소가든이 영업을 시작할 때 것이고, 오른쪽 대차대조표는 황소가든이 영업하면서 고기와 소주를 매입하고 매입채무를 일부 갚은 것을 반영한 것입니다.

먼저 고기 3,000만 원 어치를 현금이든 외상이든 간에 고향마을 식육점에서 황소가든 냉동 창고로 가져왔으므로 원재료는 2,000만 원에서 5,000만 원으로 증가할 것입니다. 그리고 소주 500만 원 어치도 도매점에서 가져왔으므로 상품도 500만 원에서 1,000만 원으로 증가했습니다. 매입채무 상환은 황소가든이 식육점에 갚아야 할 매입채무 중 500만 원을 갚았다는 의미입니다. 그런데 3,000만 원 어치를 사면서 2,000만 원을 외상으로 가져왔으므로 1,000만 원-500만 원+2,000만 원=2,500만 원이 매입채무가 될 것입니다.

현금흐름표

(2007. 1. 1. ~ 3. 31.)

(주)황소가든 (단위: 원)

1. 영업활동	
1) 당기순이익	
2) 영업외수익, 영업외비용, 자산부채의 변동	-2,000만 원
재고자산의 증가	-3,500만 원
매입채무의 증가	+1,500만 원
2. 투자활동	
3. 재무활동	
4. 현금의 증가	-2,000만 원
5. 기초의 현금	1억 8,220만 원
6. 기말의 현금	1억 6,220만 원

현금흐름표를 보면 '영업활동 → 자산부채의 변동 → 재고자산의 증가, 매입채무의 증가'가 표시되어 있습니다. 왜 그럴까요? 고기를 사오고, 소주를 사오는 것은 황소가든의 영업활동과 관련이 있습니다. 그 중에서도 대차대조표의 자산과 부채에만 변동을 가져오고 있습니다. 그러므로 '영업활동 → 자산부채의 변동' 난에 적는 것입니다. 투자활동과 관련 있나요? 없습니다. 재무활동과는? 없습니다. 그럼 영업활동에 적는 것은 알겠는데 왜 재고자산의 증가가 -3,500만 원일까요? 3월 31일자 재고자산 6,000만 원에서 1월 1일자 재고자산 2,500만 원을 빼므로 3,500만 원입니다. 그럼 고기, 소주를 사오려면 뭐가 나가지요? 현금! 황소가든 돈이 나간 것이므로 -3,500만 원을 해준 것입니다. 돈이 나갔는지 매입채무가 발생했는지 어떻게 알까요? 고기, 소주 가져오면서 외상한 것은 매입채무, 그 밖의 것 사면서 돈 안 준 것은 미지급금, 그래서 3월 31일자 매입채무 2,500만 원에서 1월 1일자 매입채무 1,000만 원을 빼니 1,500만 원 어치 돈을 안 준 것이 더 있다고요. 이는 황소가든에서는 3,500만 원 어치 고기, 소주 사오는 과정에서 1,500만 원을 외상으로 사왔다는 뜻이 됩니다. 결과적으로 +1,500만 원. 그럼 실제로 고향마을 식육점과 소주도매상에 지급한 돈은 2,000만 원이라는 뜻입니다.

손익계산서 매출액은 육회, 불고기 매출 5,500만 원+소주매출 500만 원 해서 6,000만 원(본봉)이 되는 것이고 육회, 불고기 매출원가는 5,500만 원의 60%이므로 5,500만 원×60%=3,300만 원(이것저것 뗀 돈)이 되고 소주 매출원가는 500만 원의 50%이므로 500만 원×50%=250만 원(이것저것 뗀 돈)이 되는 것이며, 매출총이익(실수령액)은 2,450만 원(6,000만 원-3,550만 원)이 됩니다. 이 금액에서 급여 300만 원, 전단지

30만 원, 전기·수도 요금 100만 원(아파트관리비, 자동차 기름값)을 제하면 2,020만 원(2,450만 원-430만 원)이 영업이익(영업해서 남은 돈)입니다.

영업이익까지의 내용을 표를 통해 정리해보면 다음과 같습니다.

손익계산서
(2007. 1. 1. ~ 3. 31.)

(주)황소가든   (단위: 원)   (용호 씨)

항목	금액	비고
매출액(육회, 불고기, 소주)	**6,000만 원 (현금 유입)**	용호 씨 본봉
제품(육회, 불고기) 매출액	5,500만 원	
상품(소주) 매출액	500만 원	
매출원가	**3,550만 원 (재고자산 감소)**	이것저것 뗀 돈
제품(육회, 불고기) 매출원가	3,300만 원	
상품(소주) 매출원가	250만 원	
매출총이익	**2,450만 원**	실수령액
판관비 급여(아주머니 월급) 광고선전비(전단지) 수도광열비(수도·전기 요금)	**430만 원 (현금 유출)** 300만 원 100만 원 30만 원	아파트 관리비 자동차 기름값
영업이익	**2,020만 원**	일해서 남은 돈
영업외수익		부업해서 번 돈
영업외비용		부업해서 까먹은 돈
경상이익		본업+부업
법인세 비용		세금 30%
당기순이익		순수하게 남은 돈

먼저 <mark>매출액, 영업이익, 경상이익, 당기순이익은 주가와 밀접한 관계</mark>를 가지고 있는 항목이므로 황소가든과 용호 씨의 경우를 비교하면서 확실하게 이해해야 합니다. 위 표를 보면 매출액에 제품매출액, 상품매출

대차대조표

(반영 전)   (매출액, 영업이익 반영 후)

(단위 : 원)

자산	부채	자산	부채
1. 유동자산	1. 유동부채	1. 유동자산	1. 유동부채
1) 당좌자산	매입채무　2,500만 원 미지급금　1,000만 원 단기차입금 2,400만 원	**1) 당좌자산**	매입채무　2,500만 원 미지급금　1,000만 원 단기차입금 2,400만 원
현금및현금등가물 1억 6,220원	2. 고정부채	현금및현금등가물 2억 1,290만 원 매출채권　　500만 원	2. 고정부채
단기금융상품 1,000만 원 단기매매증권 1,000만 원 2) 재고자산　6,000만 원 상품　　1,000만 원 원재료　5,000만 원	장기차입금 2,400만 원 사채　　920만 원 사채할인발행차금 (-)80만 원	단기금융상품 1,000만 원 단기매매증권 1,000만 원 2) 재고자산　2,450만 원 상품　　750만 원 원재료　1,700만 원	장기차입금 2,400만 원 사채　　920만 원 사채할인발행차금 (-)80만 원
2. 고정자산		2. 고정자산	
1) 투자자산 장기금융상품 1,000만 원 매도가능증권 1,000만 원 2) 유형자산 토지　　2억 원 건물　　1억 원 기계장치　1,000만 원 비품　　2,000만 원	자본　　5억 원 자본금　　5억 원 (장사 밑천)	1) 투자자산 장기금융상품 1,000만 원 매도가능증권 1,000만 원 2) 유형자산 토지　　2억 원 건물　　1억 원 기계장치　1,000만 원 비품　　2,000만 원	자본　　5억 원 자본금　　5억 원 (장사 밑천)

액이, 매출원가에 제품매출원가, 상품매출원가로 구분되어 있습니다. 전자공시시스템을 보면 이와 같은 형식으로 이해관계자들이 좀더 상세히 볼 수 있도록 구분해 표시하고 있습니다. 그리고 월급＝급여, 수도·전기 요금＝수도광열비, 전단지＝광고선전비라고 유식하게 썼습니다.

앞의 손익계산서를 바탕으로 대차대조표와 현금흐름표의 변화를 살펴보도록 하겠습니다.

먼저 대차대조표의 변화는 복잡한 것 같지만 의외로 쉽습니다.

현금및현금등가물 부분을 말씀드리면 매출 6,000만 원을 현금으로 받은 줄 알았는데 단골손님들에게 500만 원 어치를 팔고 받지 못했으므로 실제 현금으로 받은 돈은 5,500만 원입니다. 그리고 판관비로 430만 원이 지출되었으므로 5,500만 원-430만 원=5,070만 원이 순수하게 늘어난 현금입니다. 그래서 왼쪽 표의 1억 6,220만 원+5,070만 원=오른쪽 표 2억 1,290만 원이 되는 것이고 못 받은 500만 원은 매출채권 500만 원으로 표시됩니다.

어떻습니까? 이렇게 해놓으니 손익계산서와 대차대조표가 현재까지는 빠진 곳이 없는 것 같습니다. 하지만 빠진 곳이 있습니다. 무엇일까요? 감가상각 부분입니다.

2 _ 감가상각비, 감가상각누계액

쉬운 이해를 위해 예를 들어보겠습니다. 새 차를 사서 운행하다 보면 닳아서 중고차가 됩니다. 그럼 이 중고차는 새 차 때의 값은 못 받겠지요. 그럼 이와 같은 원리로 대차대조표에서 해당되는 항목이 있는지 살펴볼까요? 지금까지 배운 유동자산의 현금및현금등가물, 단기금융상품, 단기매매증권은 닳아지나요? 안 닳습니다. 그럼 재고자산은? 변질이나 깨질 수는 있지만 닳지는 않습니다. 투자자산의 장기금융상품, 매도가능증권은 닳아지나요? 안 닳습니다. 유형자산의 건물, 기계장치, 비품은? 시간이 지남에 따라 닳아지므로 값어치가 떨어질 것입니다. 그럼 중고차처럼 닳아지는 것이므로 이 떨어지는 값어치를 손익계산서에 닳아졌다고 반영시켜줘야 나중에 건물, 기계장치, 비품이 닳아져서 못쓰게 되었을 때 값어치를 깎아둔 돈으로 새 건물, 새 기계장치, 새 비품을 짓거나 구입할 수 있을 것입니다. 토지는요? 토지는 시간이 지나도 닳아지지 않습니다. 그러면 노터치!

그럼 어떤 기준에 의해 건물, 기계장치, 비품 값어치를 깎아줘야 할까요? 기준은 황소가든 자체적으로 정합니다. 지금 정해볼까요? 건물은 오래 쓸 수 있으니 기간을 50년으로 정하고 기계장치는 10년, 비품은 5년으로 정해보지요.

표로 살펴보면 다음과 같습니다.

구 분	값어치 깎는 방법 (동일한 금액을 깎는다)	값어치 깎는 기간 (내용 연수)
건물	정액법	50년
기계장치	정액법	10년
비품	정액법	5년

대차대조표 유형자산을 보면 건물은 1억 원, 기계장치는 1,000만 원, 비품은 2,000만 원이라고 되어 있습니다. 이 1억 원, 1,000만 원, 2,000만 원을 값어치를 깎기로 약속한 50년, 10년, 5년으로 나누면, 즉 1억 원/50년, 1,000만 원/10년, 2,000만 원/5년을 하면 1년에 200만 원, 100만 원, 400만 원 값어치를 깎아주면 되는 것입니다. 그런데 위의 손익계산서는 1년의 1/4(1월~3월)이므로 각각 50만 원, 25만 원, 100만 원이라는 금액이 될 것입니다.

의미는 알겠는데 어디에다가 무슨 이름으로 적어야 하냐고요? 건물, 기계장치(고기절단기), 비품(식탁, 정수기 등)은 무엇 때문에 닳아졌을까요? 건물은 손님들이 편하게 앉아서 육회, 한우불고기, 소주를 먹거나 마실 수 있도록 공간을 제공해주면서 닳은 것이고, 기계장치인 고기절단기는 육회와 한우불고기라는 제품을 만들면서 닳은 것이며, 식탁이나 정수기는 편안한 상태에서 육회와 불고기, 소주를 마시고 필요에 따라 위생적으로 처리된 물을 마실 수 있도록 편의를 제공해주면서 닳은 것입니다.

그럼 기계장치는 육회와 한우불고기 만드는 데 직접적으로 기여를 했으므로 제품매출원가에 들어가는 것이 맞겠고 건물, 비품은 말 그대로 판매하는 데 기여했으므로 판관비에 들어가는 것이 맞겠습니다. 그래서 다음과 같이 적습니다.

내 손에 들어온 나쁜 것 (손익계산서)		내 손에서 나간 나쁜 것 (대차대조표)	
건물_ 감가상각비	50만 원 (판관비)	감가상각누계액	50만 원
기계장치_ 감가상각비	25만 원 (제품매출원가)	감가상각누계액	25만 원
비품_ 감가상각비	100만 원 (판관비)	감가상각누계액	100만 원

건물, 기계장치, 비품 등과 같은 유형자산에 대한 값어치를 깎는 작업, 이자수익, 이자비용, 증권평가 등의 처리작업은 매일 하는 것이 아니라 모아놨다가 실적발표 시즌(3월, 6월, 9월, 12월)에 한 번씩만 한다고 해서 결산정리사항이라고 부릅니다.

그럼 손익계산서와 대차대조표를 수정해볼까요?

손익계산서

(2007. 1. 1 ~ 3. 31.)

(주)황소가든   (단위: 원)   (용호 씨)

매출액(육회, 불고기, 소주)	6,000만 원	용호 씨 본봉
제품(육회, 불고기) 매출액	5,500만 원	
상품(소주) 매출액	500만 원	
매출원가	3,575만 원 (기계장치)	이것저것 뗀 돈
제품(육회, 불고기) 매출원가	3,325만 원	
상품(소주) 매출원가	250만 원	
매출총이익	2,425만 원	실수령액
판관비 급여(아주머니 월급) 수도광열비(수도·전기 요금) 광고선전비(전단지) 감가상각비	**580만 원** 300만 원 100만 원 30만 원 150만 원 (건물, 비품)	아파트 관리비 자동차 기름값
영업이익	1,845만 원	일해서 남은 돈
영업외수익		부업해서 번 돈
영업외비용		부업해서 까먹은 돈
경상이익		본업+부업
법인세비용		세금 30%
당기순이익		순수하게 남은 돈

대차대조표

(감가상각 반영 전)   (감가상각 반영 후)

(단위: 원)

자산	부채	자산	부채
1. 유동자산	1. 유동부채	1. 유동자산	1. 유동부채
1) 당좌자산	매입채무　2,500만 원 미지급금　1,000만 원 단기차입금 2,400만 원	1) 당좌자산	매입채무　2,500만 원 미지급금　1,000만 원 단기차입금 2,400만 원
현금및현금등가물 　　　2억 1,290만 원 매출채권　　500만 원	2. 고정부채	현금및현금등가물 　　　2억 1,290만 원 매출채권　　500만 원	2. 고정부채
단기금융상품 1,000만 원 단기매매증권 1,000만 원 2) 재고자산　6,000만 원 상품　　　　750만 원 원재료　　1,700만 원	장기차입금 2,400만 원 사채　　　　920만 원 사채할인발행차금 　　　　　(-)80만 원	단기금융상품 1,000만 원 단기매매증권 1,000만 원 2) 재고자산　6,000만 원 상품　　　　750만 원 원재료　　1,700만 원	장기차입금 2,400만 원 사채　　　　920만 원 사채할인발행차금 　　　　　(-)80만 원
2. 고정자산		2. 고정자산	
1) 투자자산 장기금융상품 1,000만 원 매도가능증권 1,000만 원 2) 유형자산 　　　3억 3,000만 원 토지　　　　2억 원 건물　　　　1억 원 기계장치　1,000만 원 비품　　　2,000만 원	자본　　　　5억 원 　자본금　　5억 원 (장사 밑천)	1) 투자자산 장기금융상품 1,000만 원 매도가능증권 1,000만 원 2) 유형자산 　　　3억 2,825만 원 토지　　　　2억 원 건물　　　　1억 원 **감가상각누계액 (-)50만 원** 기계장치　1,000만 원 **감가상각누계액 (-)25만 원** 비품　　　2,000만 원 **감가상각누계액 (-)100만 원**	자본　　　　5억 원 　자본금　　5억 원 (장사 밑천)

앞의 표를 보면 현금및현금등가물은 변화가 없습니다. 당연하겠지요. 내 차가 2005년 식이니까 신차 때보다 한 400만 원 깎였겠다고 평가는 하지만 현금이 실제로 나가지는 않습니다. 숫자상으로만 알고 있으면 되니까요. 마찬가지로 건물, 기계장치, 비품 등도 실제 돈은 나가지 않고 장부상으로만 정리를 해나가는 것입니다. 그럼 오른쪽 표의 감가상각누계액의 의미도 더 확실해지네요. 건물 살 때는 1억 원이었는데 -50만 원정도 깎여서 지금 값어치는 9,950만 원이라는 뜻입니다.

제조업체의 경우 건물이라면 공장건물도 있을 것이고 본사건물도 있을 것입니다. 그럼 두 건물 모두 정해진 기간 동안 값어치를 깎게 될 것입니다. 그럼 공장건물의 감가상각비는 어떻게 처리해야 할까요? 매출원가에 포함된답니다. 본사건물의 감가상각비는? '판관비 → 감가상각비'로 처리합니다.

생산직, 사무직 직원의 급여는? 생산직 직원의 급여는 '매출원가'에, 사무직 직원의 급여는 '판관비 → 급여', 공장사무실에서 사용하는 수도·전기 요금, 교통비, 통신비 등은 '매출원가'에 포함되고, 본사건물에서 사용하는 수도·전기 요금, 교통비, 통신비(전화, 휴대폰, 우편요금 등) 등은 '판관비'로 처리합니다. 한 지붕 아래 두 살림을 하는 것이지요.

3 _ 영업외수익, 영업외비용

영업외수익, 영업외비용에는 어떤 항목이 해당되는지 먼저 알아야 하므로 대차대조표 → 손익계산서 → 대차대조표 순서로 진행하겠습니다.

대차대조표

(단위: 원)

자산		부채	
1. 유동자산		1. 유동부채	
1) 당좌자산		매입채무	2,500만 원
		미지급금	1,000만 원
		단기차입금	2,400만 원
현금및현금등가물	2억 1,290만 원	2. 고정부채	
매출채권	500만 원		
단기금융상품	1,000만 원	장기차입금	2,400만 원
단기매매증권	1,000만 원	사채	920만 원
2) 재고자산	6,000만 원	사채할인발행차금	(-)80만 원
상품	750만 원		
원재료	1,700만 원		
2. 고정자산			
1) 투자자산		자본	5억 원
장기금융상품	1,000만 원	자본금	5억 원
매도가능증권	1,000만 원	(장사 밑천)	
2) 유형자산	3억 2,825만 원		
토지	2억 원		
건물	1억 원		
감가상각누계액	(-)50만 원		
기계장치	1,000만 원		
감가상각누계액	(-)25만 원		
비품	2,000만 원		
감가상각누계액	(-)100만 원		

손익계산서의 영업외수익은 부업을 해서 번 돈이라고 했고 영업외비용은 부업을 해서 나간 돈이라고 했습니다. 황소가든의 본업은 육회, 한우불고기 제조, 소주 판매 활동입니다. 그럼 부업에 해당되는 것은 무엇일까요? 단기금융상품, 장기금융상품, 단기매매증권, 단기차입금, 장기차입금, 사채가 영업외수익과 영업외비용을 이루는 주된 항목이지요. 매도가능증권이 빠졌다고요? 잠시 후에 설명 드리겠습니다.

자금 활용 차원에서 가입한 단기금융상품, 장기금융상품은 영업외수익인 이자수익을 얻을 것이고 단기매매증권은 오르면 영업외수익, 내리면 영업외비용이 될 것이며 황소가든의 필요에 의해 금융기관 및 일반투자자들로부터 빌린 돈은 상환시점까지 이자비용이라는 영업외비용을 지불해야 합니다.

1) 영업외수익(단기금융상품, 장기금융상품)

1년 만기 정기예금 1,000만 원과 1년 3개월 만기 정기예금 1,000만 원을 일시불로 가입했다.(연 6% 이자)

1년 만기 1,000만 원과 1년 3개월 만기 정기예금 1,000만 원의 1년 이자는 6%이므로 각각 60만 원 이자입니다. 그럼 3개월 이자는 15만 원이므로 정기예금을 통해 얻은 영업외수익은 30만 원이 되는 것입니다. 그런데 정기예금은 통상 만기에 이자를 받는 관계로 실제 현금 30만 원은 황소가든 통장에 들어오지 않습니다. 그럼 대차대조표에는 뭐라고 적어야 할까요? 기억나시죠? 용호 씨와 경아 씨의 통화내용 말입니다. '아직 못 받은 미수' 영업외수익이죠! 그래서 수익이라는 말을 써서 미수수익

| | | 손익계산서 | | 대차대조표 | |
| | (2007. 1. 1. ~ 3. 31.) | | (2007. 3. 31. 현재) | |

(단위: 원)

매출액		자산	부채
매출원가		1. 유동자산	1. 유동부채
매출총이익		1) 당좌자산	
판관비		미수수익 30만 원	
영업이익		단기금융상품 2,000만 원	2. 고정부채
영업외수익			
이자수익	30만 원	2. 고정자산	자본
영업외비용		1) 투자자산	이익잉여금 30만 원
경상이익			↑ ↑
당기순이익	**30만 원**	→ → → →	↑ ↑

30만 원이라고 합니다. 당연히 1년 안에 받을 수 있는 이자이므로 '유동자산 → 당좌자산 → 미수수익 30만 원'이라고 적어야 합니다.

그런데 대차대조표에 장기금융상품 1,000만 원이 안 보이지요. 유동자산과 고정자산의 구분기준은 1년이라고 했습니다. 2007년 1월 1일 만기 1년 3개월로 가입한 장기금융상품은 '고정자산 → 투자자산'이었습니다. 하지만 2007년 3월 31일 대차대조표 작성일 기준으로 살펴보니 1년이므로 '유동자산 → 당좌자산 → 단기금융상품'으로 바뀐 것입니다.

2) 영업외수익 또는 영업외비용(단기매매증권)

1년 투자 목적으로 1,000만 원 어치 주식을 매수했다.

1년 3개월 투자 목적으로 1,000만 원 어치 주식을 매수했다.

단기매매증권은 단기투자라고 했습니다. 그만큼 수익이나 손실이 실현될 가능성이 높기 때문에 손익계산서의 영업외수익, 영업외비용에 바로 반영시킵니다. 만약 1년 투자목적으로 1,000만 원 어치 매수한 주식이 3월 31일 주가를 보니 100만 원 올랐다면 아직 팔지는 않았죠! 그렇지만 영업외수익 → 단기매매증권평가이익 100만 원이라고 적습니다. 하지만 매도가능증권은 중기투자에 해당되므로 100만 원 이익이 발생했다 해도 투자기간이 길어서 회계에서는 실현가능성이 적다고 판단해 영업외수익에 반영시키지 않고 자본조정(임시대기소) → 매도가능증권평가이익 100만 원이라고 적습니다. 이는 매도가능증권에서 몇 십 억 이익이나 손실이 발생해도 손익계산서 영업외수익, 비용에는 땡전 한 푼 반영되지 않는다는 의미입니다. 표를 통해 살펴볼까요?

손익계산서
(2007. 1. 1. ~ 3. 31.)

대차대조표
(2007. 3. 31. 현재)

(단위: 원)

매출액		자산	부채
매출원가		1. 유동자산	1. 유동부채
매출총이익		1) 당좌자산	
판관비		단기매매증권 1,100만 원	
영업이익		매도가능증권 1,100만 원	2. 고정부채
영업외수익			
단기매매증권평가이익	100만 원	2. 고정자산	자본
영업외비용		1) 투자자산	자본조정(임시대기소) 매도가능증권평가이익 100만 원
경상이익			이익잉여금 100만 원
당기순이익	100만 원	→ → → →	↑ ↑

● 기업에 따라서는 유동자산의 단기매매증권＋매도가능증권을 한꺼번에 단기투자자산이라고 기재하기도 합니다.

조금 전에 살펴본 장기금융상품과 마찬가지로 1년 3개월 투자목적으로 구입한 매도가능증권이므로 3개월이 지난 3월 31일 기준으로는 1년 안에 포함되므로 '유동자산 → 당좌자산 → 매도가능증권'으로 바뀐 것입니다.

그리고 '자본조정'의 뜻은 이렇게 설명할 수 있습니다. 자동차 트렁크에 보면 스페어타이어가 있습니다. 원래 타이어가 있어야 할 곳은 자동차 바퀴 부분입니다. 그렇지만 아직 교체시기가 되지 않아서 임시대기 시켜놓은 것이지요. 이렇듯 대차대조표에서도 매도가능증권 이익처럼 당장 처리하기 애매한 항목들을 자본조정(스페어타이어)에 임시대기 시켜놓은 것입니다. 그리고 아까 설명한 대로 매도가능증권평가이익은 100만 원이네요.

3) 영업외비용(단기차입금, 장기차입금, 사채)

1년 뒤 갚기로 하고 은행에서 2,400만 원을 차입했다.(연 6% 이자)

1년 3개월 후 갚기로 하고 은행에서 2,400만 원을 차입했다.(연 6% 이자)

3년 후 갚기로 하고 사채 1,000만 원을 발행했다.(연 5% 이자)

부채 부분은 단기차입금, 장기차입금, 사채입니다. 이 세 가지는 빌린 돈이므로 당연히 이자가 나갈 것입니다. 이 이자는 황소가든이 부업을 해서 잃은 돈, 즉 나간 돈에 해당되므로 손익계산서에 '영업외비용 → 이자비용'으로 적습니다.

단기차입금 2,400만 원, 장기차입금 2,400만 원의 연 이자는 6%입니다. 즉 1년에 144만 원, 그럼 한 달에 얼마씩일까요? 144만 원/12개월= 월 12만 원 이자비용이 나갑니다. 그런데 지금 손익계산서는 1월~3월이므로 12만 원×3개월=36만 원이고 단기차입금 이자 36만 원+장기차입금 이자 36만 원=72만 원의 이자비용이 나가는 것입니다.

그리고 사채는 원래 1,000만 원을 빌렸는데 기간과 8%(돈 빌려주는 사람들이 원하는 이자) vs 5%(황소가든 지급이자)의 이자 차이 때문에,

사채	920만 원
사채할인발행차금	(-)80만 원

이라고 고정부채에 기재했습니다. 그리고 사채도 빌린 돈이니 이자를 지급해야 합니다. 만약 1월~3월 이자가 총 18만 원이라면 이 금액 안에는 미리 이자 성격으로 준 돈 80만 원의 일부+1,000만 원에 대한 5% 이자가 합쳐져서 18만 원이 된 것입니다. 무슨 소리냐고요? 왜 1,000만 원을 빌렸는데 황소가든은 920만 원밖에 못 받았을까요? "황소가든이 5% 이자를 주고 빌려주라고 하는데 이건 안 되겠어. 내가 원하는 이자는 8%이고 기간도 있으니 감안해서 80만 원 빼고 920만 원만 줄게"라고 해서 빌린 돈이 920만 원이라고 했습니다. 그럼 황소가든은 1,000만 원에 대한 이자 5%는 기본적으로 줘야겠지요. 1,000만 원×5%=1년에 50만 원 이자입니다. 그런데 지금 손익계산서는 1월~3월, 즉 1년의 1/4이므로 50만 원/4를 하면 12만 5,000원의 이자를 주어야 합니다. 그럼 나머지 5만 5,000원은 황소가든이 선이자 성격으로 돈을 빌릴 때 미리 준 돈이므로 황소가든 입장에서는 이자비용으로 처리한다는 것입니다. 표를 통해 살펴보면 다음과 같습니다.

손익계산서
(2007. 1. 1. ~ 3. 31.)

대차대조표
(2007. 3. 31. 현재)

(단위: 원)

매출액		자산	부채
매출원가		1. 유동자산	1. 유동부채
매출총이익		1) 당좌자산	단기차입금　　2,400만 원
판관비		현금및현금등가물　　-84.5만 원	유동성장기부채　　2,400만 원
영업이익			2. 고정부채
영업외수익			사채　　925.5만 원
영업외비용			사채할인발행차금 (-)74.5만 원
이자비용	90만 원	2. 고정자산	자본
		1) 투자자산	
경상이익			이익잉여금　　-90만 원
당기순이익	**-90만 원**	→ → → →	↑↑

　　고정부채에 장기차입금 2,400만 원이 안 보입니다. 왜 그럴까요? 장기금융상품, 매도가능증권에서 알아보았듯이 빚도 1년 3개월 후 갚기로 하고 빌렸는데 2007년 3월 31일이 되면서 1년 안에 갚아야 할 빚이 된 것이므로 '고정부채 → 장기차입금'이라고 적지 않고 '유동부채 → 유동성장기부채'라고 적습니다. 그럼 차입금＋사채의 총 이자는 얼마일까요? 72만 원＋18만 원＝90만 원이 될 것입니다.

　　만약에 장기차입금을 고정부채에 계속 놔둔다면 내일 갚아야 하는데도 계속 1년 이후에 갚아도 되는 '고정부채 → 장기차입금'으로 남을 것입니다. 그럼 이것은 용호 씨와 소액주주들에게 거짓말을 한 셈입니다. 그래서 2,400만 원이라는 차입금을 말 그대로 처음에는 장기(1년 이후 갚아도 되는 돈)차입금이라고 하였다가 기간이 경과하여 1년 이내에 갚아야 할 돈이 되면 유동성(1년 안에 갚아야 하는) 장기부채로 변경하는 것입니다.

그럼 유동성장기부채의 의미도 확실해지네요. 원래 1년 이상 쓰기로 하고 은행에서 빌렸는데 기간이 경과하여 1년 내에 갚아야 하는 차입금 이지요.

_손익계산서 완성

이제 영업외수익과 영업외비용까지 정리되었으므로 손익계산서를 완성시킬 수 있겠네요.

영업외수익에서는 단기금융상품 이자수익 15만 원, 장기금융상품 이자수익 15만 원을 해서 30만 원이 된 것이며, 주식을 샀는데 3월 31일 주가를 보니 매수할 때보다 100만 원이 올라가서 단기매매증권평가이익 100만 원이 된 것입니다. 그리고 영업외비용에서는 단기차입금 이자비용 36만 원, 장기차입금 이자비용 36만 원, 사채 이자 18만 원을 합해서 90만 원이 된 것입니다. 이렇게 영업외수익과 비용을 구하면 경상이익이 구해집니다. 즉 영업이익 1,845만 원+영업외수익 130만 원-영업외비용 90만 원을 하면 본업+부업의 합계인 경상이익 1,885만 원이 되는 것이며, 이 1,885만 원에서 세금 30%, 즉 1,885만 원×30%=565만 5,000원을 제하면 당기순이익 1,319만 5,000원이 된 것입니다.

손익계산서

(2007. 1. 1 ~ 3. 31.)

(주)황소가든   (단위: 원)   (용호 씨)

매출액(육회, 불고기, 소주)	6,000만 원	용호 씨 본봉
제품(육회, 불고기) 매출액	5,500만 원	
상품(소주) 매출액	500만 원	
매출원가	3,575만 원	이것저것 뗀 돈
제품(육회, 불고기) 매출원가	3,325만 원	
상품(소주) 매출원가	250만 원	
매출총이익	2,425만 원	실수령액
판관비	580만 원	아파트 관리비
급여(아주머니 월급)	300만 원	자동차 기름값
수도광열비(수도·전기 요금)	100만 원	
광고선전비(전단지)	30만 원	
감가상각비	150만 원	
영업이익	1,845만 원	일해서 남은 돈
영업외수익	**130만 원**	부업해서 번 돈
이자수익	30만 원	
단기매매증권평가이익	100만 원	
영업외비용	**90만 원**	부업해서 까먹은 돈
이자비용	90만 원	
경상이익	1,885만 원	본업＋부업
법인세비용	**565.5만 원**	세금 30%
당기순이익	1,319.5만 원	순수하게 남은 돈

5 _ 대차대조표 작성

지금까지 별도로 살펴보았던 대차대조표 내용을 종합해서 작성하면 82페이지와 같습니다.

미지급법인세는 '아직 지급하지 않은' 법인세, '세금'입니다. 기업의 세금은 8월 말경 한 번 납부하고 다음 해 3월 한 번 납부하는데, 지금이 3월 말이지요. 그러니 8월 말까지 임시로 보관하고 있는 항목(납부해야 할 돈이므로 부채)입니다. 당연히 8월이면 1년이 안 되니까 유동부채에 미지급법인세 565만 5,000원이라고 나타냅니다. '자본 → 이익잉여금 1,319만 5,000원'이라고 되어 있는 것은 당기순이익 1,319만 5,000원과 같습니다. 아, 이래서 이익잉여금을 이익의 저장창고라고 하는군요.

6 _ 현금흐름표 작성

영업활동은 당기순이익으로부터 출발합니다. 그래서 (1)당기순이익에 1,319만 5,000원이라는 금액이 적힌 것입니다(p.83 참조). 또 5.기초의 현금 1억 8,220만 원은 황소가든이 영업을 개시한 2007년 1월 1일 대차대조표의 현금을 옮긴 것이고 6.기말의 현금 2억 1,205만 5,000원은 2007년 3월 31일 대차대조표 현금을 적은 것입니다. 그러므로 이유는 알 수 없지만 2억 1,205만 5,000원-1억 8,220만 원을 하면 1월 1일에 비

대차대조표

(2007. 1. 1. 현재)　　　　　　　　　　　　　　　　　(2007. 3. 31. 현재)

(단위 : 원)

자산	부채	자산	부채　　　　9,791만 원
1. 유동자산	1. 유동부채	1. 유동자산 　　　2억 8,385.5만 원	1. 유동부채 8,065.5만 원
1) 당좌자산	매입채무　　1,000만 원 미지급금　　1,000만 원 단기차입금 2,400만 원	1) 당좌자산 　　　2억 5,935.5만 원	매입채무　　2,500만 원 미지급금　　1,000만 원 단기차입금　　2,400만 원 유동성장기부채 　　　　2,400만 원 미지급법인세 565.5만 원
현금및현금등가물 　　　1억 8,220만 원	2. 고정부채	현금및현금등가물 　　　2억 1,205.5만 원 매출채권　　　500만 원 미수수익　　　　30만 원	2. 고정부채　925.5만 원
단기금융상품 1,000만 원 단기매매증권 1,000만 원 2) 재고자산 상품　　　　　500만 원 원재료　　　2,000만 원	장기차입금 2,400만 원 사채　　　　920만 원 사채할인발행차금 　　　　(-)80만 원	단기금융상품 2,000만 원 단기매매증권 1,100만 원 매도가능증권 1,100만 원 2) 재고자산　2,450만 원 상품　　　　　750만 원 원재료　　　1,700만 원	사채　　　　925.5만 원 사채할인발행차금 　　　　(-)74.5만 원
2. 고정자산		2. 고정자산　3억 2,825만 원	
1) 투자자산 장기금융상품 1,000만 원 매도가능증권 1,000만 원 2) 유형자산 토지　　　　　2억 원 건물　　　　　1억 원 기계장치　　1,000만 원 비품　　　　2,000만 원	자본　　　　　5억 원 　자본금　　　5억 원 (장사 밑천)	1) 투자자산 2) 유형자산 　　　3억 2,825만 원 토지　　　　　2억 원 건물　　　　　1억 원 감가상각누계액(-) 50만 원 기계장치　　1,000만 원 감가상각누계액　(-)25만 원 비품　　　　2,000만 원 감가상각누계액 (-)100만 원	자본　　5억 1,419.5만 원 1) 자본금　　　　5억 원 2) 이익잉여금 1,319.5만 원 3) 자본조정 매도가능증권평가이익 　　　　　100만 원
		자산총계　6억 1,210.5만 원	부채+자본 6억 1,210.5만 원

해 2,985만 5,000원이 증가했음을 알 수 있습니다. 그럼 어떤 변화가 있었는지 현금흐름을 추적해보겠습니다.

현금흐름표

(2007. 1. 1. ~ 3. 31.)

(주)황소가든   (단위: 원)

1. 영업활동	
1) 당기순이익	1,319.5만 원
2) 영업외수익, 영업외비용, 자산부채의 변동	+1,666만 원
감가상각비	+175만 원
이자수익	-30만 원
단기매매증권평가이익	-100만 원
이자비용	+5.5만 원
매출채권의 증가	-500만 원
재고자산의 감소	+50만 원
매입채무의 증가	+1,500만 원
미지급법인세의 증가	+565.5만 원
2. 투자활동	
3. 재무활동	
4. 현금의 증가	2,985.5만 원
5. 기초의 현금	1억 8,220만 원
6. 기말의 현금	2억 1,205.5만 원

1) 감가상각비

감가상각비는 손익계산서의 매출원가(기계장치), 판관비(건물, 비품)에 포함되어 당기순이익을 깎아내리는 역할을 했습니다. 그런데 실제로 현금은 한 푼도 나가지 않은 장부상 숫자놀음이었습니다. 그래서 +175만 원을 해준 것입니다.

2) 이자수익

이자수익 30만 원은 정기예금 부분을 이야기하는 것입니다. 손익계산서에서는 영업외수익에 +30만 원을 해서 당기순이익을 30만 원 어치 증가시켰지만 실제로는 12월 31일 정기예금이 만기가 되어야 들어올 현금이므로 실제로는 땡전 한 푼 들어오지 않았습니다. 그래서 -30만 원을 해준 것입니다.

3) 단기매매증권평가이익

이자수익과 마찬가지로 영업외수익에 100만 원 평가이익을 보았다고 당기순이익에 +100만 원을 했지만 실제로 황소가든 현금으로 들어온 것은 없는 장부상의 이익입니다. 그래서 -100만 원을 해준 것입니다.

4) 이자비용

단기차입금, 장기차입금, 사채 이자를 다 해서 손익계산서에서는 영업외비용에 이자비용으로 90만 원을 지급해 당기순이익을 −90만 원 어치 깎아내렸습니다. 그런데 이 중에서 선이자 성격으로 사채를 빌릴 당시 미리 원금에서 제해버린 5만 5,000원이 있었습니다. 이 돈은 나가지 않은 이자인 만큼 +5만 5,000원을 해야 합니다.

5) 자산부채의 변동(매출채권, 재고자산, 매입채무, 미지급법인세)

아래의 표에서는 따로 구분하지 않았지만 자산부채의 변동 부분에 해당하는 항목들입니다. 왜 자산부채의 변동이지요? 손익계산서와는 상관없이 대차대조표의 자산과 부채의 변동만을 나타내고 있기 때문입니다.

먼저 매출채권을 살펴보면, 장사를 시작할 때는 당연히 0원일 것이고 3월 31일자로 보니까 매출채권 500만 원이 있습니다(외상). 그럼 손익계

대차대조표

(2007. 1. 1. 현재)   (2007. 3. 31. 현재)

(단위: 원)

매출채권	0원	매출채권	500만 원
재고자산	2,500만 원	재고자산	2,450만 원
매입채무	1,000만 원	매입채무	2,500만 원
미지급법인세	0원	미지급법인세	565.5만 원

산서에서는 매출액 6,000만 원을 현금으로 받았다고 해놨는데 매출채권 500만 원이 있으므로 매출채권의 증가 −500만 원을 해야 실제 현금 매출액과 맞을 것입니다. 다음으로 재고자산을 보면, 2,500만 원 어치 재고자산이 2,450만 원이 되었으므로 50만 원 어치 재고가 줄었습니다. 그럼 50만 원 어치가 매출로 나갔다는 의미이므로 +50만 원을 해주는 것입니다. 매입채무는 1,500만 원이 늘었네요. 외상으로 가져왔다는 뜻인 매입채무가 1월 1일과 비교해 3월 31일에는 1,500만 원 어치 늘었으므로 황소가든 입장에서 현금으로 이익일까요, 손해일까요? 정답은 이익입니다. 그래서 매입채무의 증가 +1,500만 원이랍니다. 마지막으로 미지급법인세는 아직 납부하지 않고 현금으로 가지고 있는 세금이므로 당연히 +565만 5,000원이 될 것입니다.

정리해보면, 황소가든은 1/4분기 영업활동을 통한 2,985만 5,000원의 현금흐름을 통해 원활한 영업활동을 시작했음을 알 수 있습니다. 만약 이 활동이 마이너스가 된다면 투자했던 정기예금, 증권 등을 처분하거나 추가적으로 금융기관차입금, 사채, 유상증자 등을 통한 재무활동을 통해 부족한 부분을 메워야 합니다. 그럼 기업의 현금흐름은 부정적인 방향으로 진행될 가능성이 높을 것입니다.

그리고 영업활동 vs 투자·재무활동을 생각해보면 묘한 차이점을 발견할 수 있습니다. 예를 들어 금융상품에 가입하거나 주식을 매수합니다. 그럼 이것은 투자활동에 포함됩니다. 그렇지만 금융상품에서 이자수익이 발생하거나 증권에서 이익, 손실이 발생하면 이것은 투자활동이 아니라 영업활동에 포함된다는 차이점이 있습니다. 단기차입금, 장기차입금, 사채도 빌릴 당시에는 재무활동이지만 빌린 후 이자비용이 발생하면 이 이자는 영업활동에 포함된다는 사실을 생각해본다면 영업활동, 투자활동, 재무활동을 구분하시는 데 도움이 되리라 봅니다.

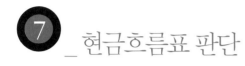

_ 현금흐름표 판단

현금흐름표에서 주식투자자가 가장 중시해야 할 부분은 최소 2년 이상의 현금흐름표 및 손익계산서를 바탕으로 판단해야 한다는 점입니다.

영업활동	투자활동	재무활동	점수(7점 만점)
+	-	-	7
+	-	+	5
+	+	-	3
-	-	+	2
-	+	-	1
-	-	-	0

기본적으로 영업활동에 의한 현금흐름은 +, 투자활동에 의한 현금흐름은 -, 재무활동에 의한 현금흐름은 -가 이상적입니다.

_ 영업활동 살펴보았듯이 황소가든의 영업이 양호하다면 당연히 플러스가 되어야 합니다.

_투자활동 금융상품(정기예금), 유가증권(주식, 채권), 시설투자(건물구입, 기계장치 구입, 비품 구입) 등과 같은 부분에 대한 현금의 유입과 유출이라고 생각하면 됩니다. 그럼 당연히 마이너스가 되는 것이 정상입니다. 황소가든의 여유자금 활용 및 향후 성장을 위한 시설투자에 현금이 지출되는 것이 정상이니까요.

_재무활동 은행과의 거래관계라고 생각하면 쉽습니다. 즉 -라는 의미는 은행에 돈을 갚았다는 의미이고 +라는 의미는 은행에서 돈을 빌려온다는 의미이므로 -가 정상입니다. 이익을 지속적으로 내는 기업이라면 빌린 돈을 갚겠지요.

_종합 영업활동은 본업(육회, 한우불고기, 소주)과 관련된 활동을 의미하므로 일시적으로 -가 발생할 수는 있지만

7점	꾸준한 영업활동을 통한 현금흐름을 바탕으로 투자활동을 하면서 차입금을 갚는 기업입니다.
5점	영업활동 및 재무활동의 현금조달을 바탕으로 더욱 적극적 설비투자를 하는 기업입니다. 어떤 기업일까요? 한참 뻗어 나가려고 하는 기업이 해당될 것입니다. 단, 금융상품 가입, 유가증권 매수도 투자활동에 포함되므로 현금흐름표의 투자활동 부분에 대한 확인이 필요합니다.
3점	과잉설비(공장부지, 기계설비)나 무리한 투자자산 처분(금융상품, 증권, 투자부동산 등)을 통해 차입금을 상환하는 기업입니다. 이런 기업의 경우 발전성은 떨어질 가능성이 높습니다.
2점	차입금, 유상증자 등의 자금조달을 통한 설비투자는 어떤 경우일까요? 모 아니면 도.
1점	영업활동이 마이너스이므로 고정자산, 투자자산의 처분을 통해 차입금을 상환하는 경우에 해당될 것입니다. 그럼 이 기업은? 추세적으로 퇴보하는 기업일 가능성이 높습니다.
0점	영업활동, 투자활동, 재무활동이 마이너스이므로 그동안 축적해놓은 이익으로 시설투자를 하면서 차입금을 상환하는 경우이나 리스크가 매우 크다고 할 수 있습니다.

연간 기준으로 -가 2년 이상 지속되거나 갑자기 큰 폭의 마이너스가 발생한다면 문제가 있다는 말씀을 드립니다. 비유를 들자면 K-1 시합에서 로우킥을 한두 대 맞는 것은 괜찮을지 모르지만 누적된다면 데미지가 쌓이고 이후에는 약간의 충격에도 KO 당할 가능성이 높은 것과 같은 원리입니다.

8 _ 현금흐름표 사례

1) 영업활동이 2년 이상 마이너스인 경우

현금흐름표상에서도 2002년부터 영업활동에 의한 현금흐름이 나빠졌으며 손익계산서(p.90)상으로 2003년 이후 큰 폭의 적자를 기록하여 2003년~2004년 영업활동, 투자활동의 부족분을 재무활동을 통해 보충했습니다. 2005년 12월 1,000억 원대의 전환사채 발행을 통해 운영자금을 조달하게 됩니다.

현금흐름표(연간)

(단위: 억 원)

항목	2001.12.31	2002.12.31	2003.12.31	2004.12.31	2005.12.31
영업활동	923.5	-770.7	-125.1	-1,005.3	-737.5
투자활동	-1,656.5	9,788.7	-52.9	-662.5	2210
재무활동	742.2	-9,043.8	166.7	1,675.7	-1,541.7

손익계산서(연간)

(단위: 억 원)

항목		2002.12.31	2003.12.31	2004.12.31	2005.12.31
매출액		5,911.1	2,392.8	1,144.5	3,052.2
영업이익		117.1	70.5	4.2	28.5
경상이익		71.9	125.6	-121.6	-667
당기순이익		-344.6	19.6	-235.1	-669.7

2) 급격한 영업활동 악화

손익계산서상으로는 2006년 상반기 기준 작년 실적의 70%에 육박하는 235억 8,000만 원의 순이익을 기록했으며 현금흐름표상으로도 2005년까지 원활한 현금흐름을 유지하였으나 2006년 1/4분기에 -678억 8,000만 원, 2/4분기 -139억 9,000만 원으로서 2006년 상반기까지 -800억 원대의 대규모 영업흐름 악화를 가져왔으며 결국 2006년 9월 200억 원대의 신주인수권부사채(BW)를 발행하게 됩니다. 이에 따라 총 주식수의 20%에 육박하는 전환사채로 인해 주가는 약세를 면치 못했습니다.

현금흐름표(연간)

(단위: 억 원)

항목	2001.12.31	2002.12.31	2003.12.31	2004.12.31	2005.12.31
영업활동	586.3	273.3	9.9	5.9	316.5
투자활동	-240.9	20.3	-37.4	82.9	-248.2
재무활동	-341.8	-276.5	2.5	-89.6	-46.6

현금흐름표(분기)

(단위: 억 원)

항목	2005.6.30	2005.9.30	2005.12.31	2006.3.31	2006.6.30
영업활동	-25.4	-45.1	471.3	-678.8	-139.9
투자활동	54.4	-84.6	-188.4	56.8	-2.0
재무활동	-38.9	136.5	-264	655.4	107.8

손익계산서(연간)

(단위: 억 원)

항목	2002.12.31	2003.12.31	2004.12.31	2005.12.31	2006.6.30
매출액	3,095	3,691.9	4,614.8	4,872	2,363
영업이익	109.3	192	303.1	497.2	354.4
경상이익	88.8	138.1	289.3	461.8	320.9
당기순이익	61.9	92.3	198.8	334.8	235.8

3) 손익계산서 순이익은 적거나 적자이나 영업활동이 원활한 경우

　2005년의 경우 602억 원의 적자를 기록했으나 92페이지의 현금흐름
표상으로는 매년 2,300억~4,859억 원의 영업활동 현금흐름을 창출했
습니다. 그리고 손익계산서상의 적자내용 또한 영업이익의 저하가 아
닌 영업외수익, 비용의 불균형에 의한 경상이익의 저하로 인한 적자입
니다. 이러한 기업 같은 경우 적자라는 이유로 현금흐름표상의 질적인
우수함에 상관없이 가치대비 저평가를 받고 있을 가능성이 높습니다.
손익계산서, 현금흐름표의 큰 흐름을 두고 보았을 때 경험적으로 이
같은 기업은 시장상황, 향후 업황을 고려해 적절한 시기에 매수한다면

시장대비 초과수익률을 안겨줄 가능성이 높은 기업에 해당된다 하겠습니다.

■■■■■ 현금흐름표(연간)

(단위: 억 원)

항목	2001.12.31	2002.12.31	2003.12.31	2004.12.31	2005.12.31
영업활동	3,690.9	2,850.4	2,339.6	4,859.6	4,114.4
투자활동	-2,529.3	-1,439.9	-686.7	-5,161.0	-2,087.4
재무활동	-1,166.6	-1,476.2	-1,588.8	317.3	-1,950.6

■■■■■ 손익계산서(연간)

(단위: 억 원)

항목	2002.12.31	2003.12.31	2004.12.31	2005.12.31	2006. 6.30
매출액	39,847.1	42,186.9	47,839.6	48,587.7	23,594.5
영업이익	2,665.3	2,205.4	1,776.8	848.7	658.3
경상이익	791.9	838.6	1,159.1	-694.9	304.1
당기순이익	507.8	371	879.8	-602.6	225.5

각종
04 지표

이제 각종 지표의 필요성에 대해 알아보겠습니다. 국가기관 중에 통계청이라는 곳이 있습니다. 그 곳에서 하는 일이 무엇일까요? 말 그대로 각종 통계자료를 만들어 현재와 미래의 유용한 판단의 자료로 삼는 데 도움을 주는 일일 것입니다. 각종 지표 또한 이와 같다고 생각하면 됩니다. 각종 지표의 의미를 이해하고 어떤 기준에 의해 판단할 수 있다면 기업분석에 있어서 결정적인 도움을 받을 수 있을 것입니다.

1 _ 주당순이익, 시가총액, 주당순자산

주당순이익(EPS)은 주식 1주당 얼마나 버느냐를 나타내는 것이며, 주당순자산은 주식 1주당 순자산(=자본=내 돈)이 얼마냐를 나타내는 것입니다. 쉬운 이해를 위해 황소가든의 예를 통해 알아보겠습니다.

먼저 황소가든은 김혜연 씨 4억 원, 김용호 씨 5,000만 원, 시골 마을 사람들 5,000만 원을 장사 밑천(자본금)으로 하여 설립된 회사입니다. 단, 액면가는 5,000원이라고 했습니다. 그럼 총 주식 수는 5억 원/5,000원=10만 주가 되는 것이며, 이 중 8만 주는 김혜연 씨, 1만 주는 김용호 씨, 1만 주는 마을 사람들 몫이 됩니다. 이를 표로 정리해보면 아래와 같습니다.

성명	관계	주식의 종류	주식 수	지분율	변동원인
김혜연	본인	보통주	80,000주	80%	
김용호	친인척	보통주	10,000주	10%	
마을 사람들	소액주주	보통주	10,000주	10%	
계		보통주	100,000주	100%	최대주주명: 김혜연 특수관계인 수: 1명

위 표를 보면 최대주주, 즉 가장 많이 주식을 가지고 있는 사람은 누구일까요? 김혜연 씨입니다. 김혜연 씨와 특수한 관계에 있는 사람을 특수관계인이라고 합니다. 김용호 씨는 최대주주 김혜연 씨의 오빠이므로 특

수한 관계지요. 그래서 특수관계인이 되는 것이며, 마지막으로 주식을 소액씩 가지고 있는 투자자들을 소액주주라고 부릅니다.

그럼 주당순이익(EPS)을 구해보겠습니다. 황소가든이 1월~3월 동안 장사해서 순수하게 남은 돈(당기순이익)은 1,319만 5,000원이었습니다. 그리고 남은 9개월 동안 열심히 일해서 1년간 총 1억 원을 벌었다면 주당순이익이 어떻게 되는지 알아보겠습니다.

앞서 알아본 것처럼 주식 1주당 얼마 버느냐를 알아보려면 1억/10만 주를 해야 합니다. 결과는 1주당 1,000원입니다. 그리고 황소가든이 주식시장에서 5,000원에 거래되고 있다면 PER 5(5,000원/1,000원)라고 부른답니다. PER라는 뜻은 주당순이익에 비해 몇 배에 거래되고 있느냐를 나타내는 것입니다. 1주당 1,000원을 벌었는데 주가가 5,000원이면 1주당 벌어들인 돈에 비해 5배에 거래되고 있으므로 PER 5 맞지요! 참고로 설명하자면 통상 1년치 당기순이익을 가지고 주당순이익과 PER를 구합니다.

시가총액에 대해 알아보겠습니다. 황소가든이 주식시장에서 5,000원에 거래된다고 했습니다. 그리고 총 주식 수는 10만 주입니다. 그럼 시가총액은 주가×주식 수를 말합니다. 즉 5,000원×10만 주=5억 원이 황소가든의 시가총액이 되는 것입니다. 물론 주가는 계속 변하므로 시가총액도 따라서 변할 것입니다.

주당순자산(BPS)은 1주당 순자산(내 돈=자본)이 얼마냐를 나타내는 것이라고 했습니다. 황소가든의 2007년 3월 31일 현재 자본을 보면 5억 1,419만 5,000원입니다(p.82 참조). 그러므로 5억 1,419만 5,000원/10만 주=약 5,142원이 황소가든의 주당순자산이 되는 것입니다. 그리고

PER와 비슷한 개념으로 PBR이라는 것이 있습니다. PER가 벌어들이는 돈에 비해 몇 배에 거래되고 있느냐를 나타낸 것이라면, PBR은 가지고 있는 순자산에 비해 몇 배에 거래되고 있느냐를 나타낸 것입니다. 계산을 해볼까요? 5,000원/5,142원＝약 0.97배에 거래되고 있다고 말할 수 있습니다. 지금까지 설명한 사항을 표를 통해 정리해보면 다음과 같습니다.

■■■■■ (주)황소가든

당기순이익	1억 원	주당순이익 1,000원	현재 주가 5,000원	PER 5배
주식 수	100,000주			
순자산(자본)	5억 1,419.5만 원	주당순자산 5,142원		PBR 0.97배
주식 수	100,000주			

이렇게 해놓으니 잘 정리된 것 같습니다. 하지만 뭐가 허전하지 않습니까? 모르겠다고요? 헉, 이러면 안 되는데…. 자, 한번 봅시다. PER 5배, PBR 0.97배라는 수치가 좋은 건지 나쁜 건지에 대한 판단기준이 없습니다. 그래서 판단기준을 말하자면 주식시장 거래소 기준 평균 PER 9~10배, PBR은 1배를 기준으로 판단하면 됩니다. 그럼 황소가든의 경우 PER로는 싼 주가이고 PBR로 봐서는 적정 주가인데 어떻게 판단을 내려야 할까요? 이런 경우에는 PBR보다는 PER에 우선순위를 두고 판단하면 됩니다. 즉 이 수치만을 두고 본다면, 현 주가는 '싸다'는 판단입니다.

② _ 각종 지표 평가표

평가표

해당	판단	항목	점수	우수	보통	미달	심각
안전성	지급능력	유동비율	5점	150%	100%	60% 이하	50% 미만
"	철저한 지급능력	당좌비율	5점	100% 이상	90%	60% 이하	
"	자본구조	부채비율	5점	100% 이하			
"	경영의 안전성	자기자본비율	5점	50% 이상			
"	설비투자 적정도	고정비율	7점	100% 이하	100~120%	200% 이상	
수익성	비싸게 판 정도	매출총이익률	5점	전년동기 상회	전년동기 수준	전년동기 하회	극단적 경우
"	본업 이익창출	영업이익률	5점	"	"	"	"
"	회사의 종합능력	경상이익률	5점	"	"	"	
활동성	매출채권회수능력	매출채권회전율	7점	6회전 이상	4.5회전 이상	3회전 이하	
"	재고 적정도	재고자산회전율	7점	12회전	9회전	6회전 이하	극단적 경우
성장성	매출액 증가 정도	매출액증가율	9점	전년동기 크게 상회	전년동기 보통 상회	전기 전년동기 하회	"
"	영업이익 증가 정도	영업이익 증가율	12점	"	"	"	
"	경상이익 증가 정도	경상이익 증가율	16점	"	"	"	
현금 흐름	기업의 현금흐름	현금흐름표	7점	흑자,적자에도 플러스(+) 영업활동			
	총계		100점				

위 평가표는 각 지표 및 현금흐름표를 종합해 기업분석에 곧바로 활용할 수 있도록 체계화한 것입니다. 더불어 골치 아픈 계산 없이 HTS에서 제공하는 상장기업 분석 수치를 그대로 적용해 평가표의 판단기준에 따라 점수화시킨다면 기업분석의 유용한 자료로 활용할 수 있을 것이라 생각합니다.

3 _ 안전성 지표

1) 유동비율

유동이란 단어를 들으니 유동자산이 생각난다고요? 맞습니다. 1년 안에 유동자산과 유동부채가 만났을 때 누구 덩치가 더 큰가를 비율로 나타낸 것입니다. 거래소 상장기업인 한미반도체라는 기업의 예를 통해 살펴보도록 하겠습니다(p.99 참조).

유동비율＝유동자산/유동부채×100이므로 (705만 4,000원/162만 8,000원)×100＝433%가 나옵니다. 유동자산이 1년 안에 유동부채와 맞붙었을 때 덩치가 433% 크다는 뜻입니다. 5점 만점에 5점. 유동자산은 k-1의 세미슐츠, 유동부채는 카오클라이 같습니다. 두 선수가 싸운다면 세미슐츠가 이길 확률 433%이지요.

대차대조표

(단위: 억 원)

자산		부채	216.3
1. 유동자산 705.4		1. 유동부채 162.8	
1) 당좌자산 594.5			
매출채권 199.3			
2) 재고자산 110.8		2. 고정부채 53.5	
2. 고정자산 386.9		자본 876	
1) 투자자산(장기금융상품, 매도가능증권)		1) 자본금(액면가×주식 수)	
2) 유형자산(토지, 건물, 기계장치, 비품)		2) 이익잉여금(이익저장창고)	
3) 무형자산		3) 자본조정(임시대기소)	
자산 총계 1,092.4		부채와 자본 총계 1,092.4	

● 체감을 위해 계산시 단위는 억 원에서 만 원으로 바꿉니다.

2) 당좌비율

    당좌비율은 유동비율과 연관이 있습니다. 유동비율이 느슨하다면 당좌비율은 타이트합니다. 이유는 유동비율은 재고자산(제품, 상품, 원재료)을 포함하지만 당좌비율은 현금및현금등가물, 금융상품, 유가증권, 매출채권과 같이 재고자산에 비해 상대적으로 현금화하기가 더 쉽고 현금화비율이 높은 항목의 비율을 구하기 때문입니다. 공식은 (당좌자산/유동

부채)×100입니다. (594만 5,000원/162만 8,000원)×100＝365.1%
나오네요. 당좌비율도 5점 만점에 5점입니다.

K-1의 아케보노의 몸은 불필요한 지방(재고자산)이 있어서 유동비율이라면, 카오클라이는 진짜 K-1 경기에 필요한 알짜배기 몸매와 기술(당좌자산)을 가지고 있으므로 당좌비율이라고 할 수 있습니다.

3) 부채비율

부채는 뭐라고 했지요? 빚, 즉 빚의 비율을 구하는 것입니다. (부채총계/자본총계)×100이므로 부채총계를 살펴보니 (216만 3,000원/876만원)×100 하면 되겠네요. 그럼 24.6%가 나옵니다. 이 의미는 무엇일까요? 총 내 돈(자본)이 100이라면 그 중에 남의 돈은 24.6%라는 의미입니다. 그럼 나머지는 내 돈이라는 것입니다. 위 기준표에 적용해보면 5점 만점에 5점입니다.

K-1의 카오클라이의 키가 170cm(자본)인데 키높이 신발 30cm(부채)를 신고 시합에 나왔다면 키높이 신발(부채) 비율은 (30cm/170cm)×100＝17.6%라는 의미와 같습니다.

4) 자기자본비율

자기자본비율의 공식은 (자본/자산)×100이랍니다. 그럼 이것은 총 재산(자산) 중에서 내 돈 비율은 얼마냐 하는 것입니다. 방금 살펴본 부채비율과는 의미가 약간 다르지요. 부채비율은 내가 가진 돈에서 남의 돈이 차지하는 비율이고, 자기자본비율은 총 재산에서 내 돈이 차지하는 비율을 말하는 것이니까요. 자본이 876만 원, 자산이 1,092만 4,000원이므로 (876만 원/1,092만 4,000원)×100＝80.1%입니다. 점수는 5점 만점에 5점. 볼수록 재무상태는 괜찮은 회사인 것 같습니다.

K-1의 카오클라이의 키가 170cm(자본)인데 30cm(부채) 키높이 신발을 신고 시합에 나왔다면 전체 키 2m에서 170cm가 차지하는 비율은 (170cm/200cm)×100＝85%라는 의미와 같습니다.

5) 고정비율

'고정'이라는 단어를 보면 고정자산, 고정부채 생각이 납니다. 맞습니다. 고정자산, 고정부채와 연관이 있습니다. 고정자산에는 뭐가 있었지요? 투자자산, 유형자산, 무형자산이 있습니다. 모두 기업의 향후 발전을 위해 1년 이상 보유하고 있는 자산의 성격입니다. 하지만 너무 많이 가지고 있으면 탈이 납니다. 기업도 마찬가지로, 돈 될 거라고 해서 투자했는데 제품이 팔리지 않으면 돈 들여 설비투자 해놓은 것이 파리만 날리면서 기간이 경과할수록 자금압박이 가해지겠지요. 이런 맥락에서 알아보는 것입니다. 공식은 고정자산/(고정부채＋자본)×100입니다. 386만 9,000원/(53만 5,000원＋876만 원)×100＝41.6%가 나오네요. 이 수치로 봐서는 공장이 쌩쌩 잘 돌아가고 있는 것 같습니다. 5점 만점에 5점.

세미슐츠가 내로라하는 다른 K-1 선수들을 제치고 우승했습니다. 세미슐츠는 우승을 하기 위해 많은 시간과 노력(설비투자)을 기울였을 것입니다. 만약에 K-1대회가 매달 열린다면 세미슐츠는 시간과 노력(설비투자)의 효과를 극대화할 수 있을 것입니다. 고정비율은 하락하지만 반대로 2년에 한 번 열기로 규정이 바뀐다면 실력(시설투자)을 써먹을 기회가 적어지므로 고정비율은 상승할 것입니다.

4 _수익성 지표

거래소 상장기업인 한미반도체의 손익계산서를 통해 수익성 지표를 살펴보겠습니다.

손익계산서

(단위: 억 원)

매출액	420.3
매출원가	226.1
매출총이익	194.2
판관비	79.1
영업이익	115
영업외수익	25
영업외비용	12.5
경상이익	127.5
당기순이익	92.8

수익성은 앞의 손익계산서 표의 별색 부분을 말하는 것입니다. 그렇다면 수익성 지표는 손익계산서와 관련이 있겠다고 짐작할 수 있을 것입니다. 그럼 살펴보겠습니다.

1) 매출총이익률

매출액대비(매출) 총이익은 얼마나 되느냐를 알아보는 것입니다. 공식은 (매출총이익/매출액)×100을 하면 됩니다. (194억 2,000만 원/420억 3,000만 원)×100＝46.2%입니다. 업종대표주 및 동종기업과 비교해봐야겠지요.

K-1의 최홍만과 세미슐츠가 똑같은 힘을 소비해서 상대방을 열 대(매출액) 때렸습니다. 하지만 히트(매출총이익)로 연결되는 비율은 아무래도 최홍만 선수보다는 세미슐츠가 높겠지요. 최홍만 선수가 열 대 중 두 대를 히트시켰다면 매출총이익률은 20%가 되는 것이고, 세미슐츠가 열 대 중 다섯 대를 히트시켰다면 매출총이익률이 50%가 되는 것입니다.

2) 영업이익률

매출액대비 영업이익은 얼마일까요? 공식은 (영업이익/매출액)×100을 하면 됩니다. (115억 원/420억 3,000만 원)×100＝27.3%입니다. 업종대표주 및 동종기업과 비교해봐야겠지요. 최홍만 선수가 때린 열 대(매출액) 중 결국 한 대를 점수로 연결시켰다면 영업이익률 10%인 반면, 세미슐츠는 열 대(매출액) 중 석 대를 점수로 연결시켰다면 30%라는 뜻입니다.

3) 경상이익률

　매출액대비 경상이익은 얼마일까요? 공식은 (경상이익/매출액)×100 을 하면 됩니다. (127억 5,000만 원/420억 3,000만 원)×100＝30.3%입니다. 당연히 업종대표주 및 동종기업과 비교해봐야겠지요.

　총이익률, 영업이익률, 경상이익률 모두 매출액에서 총이익, 영업이익, 경상이익이 차지하는 비중이 어느 정도인가를 살펴본 것입니다. 즉 매출액과 비교해 이익의 질을 살펴본 것입니다.

⑤ _ 활동성 지표

　활동성은 성장성과 밀접한 관련이 있습니다. 상식적으로 기업이 성장하려면 이리저리 바쁘게 움직여야겠지요. 물건이 잘 팔리고 매출채권이 회수가 잘 되고, 종합적으로 자산이 핑핑 잘 돌아야 기업이 성장합니다.

1) 총자산회전율

　총자산＝자산＝총자본, 같은 의미입니다. 즉 총자산이 얼마나 잘 회전되고 있는지를 알아보는 것입니다. 공식은 매출액/자산(평균총자산) 입니다. 평균총자산은 만약 지금이 2/4분기라면 (1/4분기 대차대조표 총자산＋2/4분기 대차대조표 총자산)/2 한 것을 말합니다. 420만

3,000원/1,092만 4,000원=0.38회전이 나옵니다. 중요한 것은 이 의미를 이해하는 것입니다. 0.38이라는 수치는 내가 가진 총재산(자산)이 1,092만 4,000원인데 38%가 회전되었다는 의미입니다. 만약 매출액이 1,092만 4,000원이 되었다면 총자산회전율은 1이 됩니다. 통상 총자산 회전율은 분기기준이 아닌 연간 기준으로 측정한다는 점에 유의해야 한다는 점을 강조합니다. 분기 기준으로 0.38이면 나쁘지 않은 수치입니다.

2) 매출채권회전율

공식은 **매출액/평균매출채권**입니다. 평균매출채권은 (1/4분기 매출채권+2/4분기 매출채권)/2라는 의미이며, 매출채권이 발생하고 얼마 경과 후에 회수하고 있느냐라는 수치입니다. 위 표의 매출채권이 그 의미라고 가정하고 계산해보면 420만 3,000원/199만 3,000원=2.1회전이 나옵니다. 2.1회전이 뭐냐고요? 선뜻 다가오지 않을 겁니다. 그래서 365/2.1회전을 하면 매출채권 평균회수기간이 나온답니다. 해볼까요? 365/2.1=173.8일 정도가 나옵니다. 그러면 "흠, 이 기업은 외상으로 팔고 약 6개월 정도 돼야 매출채권이 회수되는구나"라고 이해하면 됩니다. 상당히 길다는 느낌 그대로 기준표를 보면, 최하위권에 머물고 있습니다. 이런 경우는 현금흐름표의 영업활동 현금흐름과 연계해 면밀히 살펴볼 필요가 있습니다.

3) 재고자산회전율

재고자산은 상품, 제품, 재고품, 원재료 등입니다. 재고자산회전율은 재고자산이 얼마나 잘 도느냐를 회전율로 나타낸 것입니다. 공식은 매출액/재고자산(평균재고자산)입니다. 420만 3,000원/110만 8,000원 =3.79회전이 나옵니다. 재고자산회전율도 1년 기준입니다. 분기 기준으로 3.79회전이면 양호합니다.

4) 회전율에 따른 소요기간 환산표

회전율	1회전	2회전	3회전	4회전	5회전	6회전	7회전	8회전	9회전	10회전
소요기간(일)	365일	180일	121일	90일	73일	60일	52일	45일	40일	36일
소요기간(월)	12개월	6개월	4개월	3개월	2.5개월	2개월	1.8개월	1.5개월	1.3개월	1.2개월
회전율	11회전	12회전	13회전	14회전	15회전	16회전	17회전	18회전	19회전	20회전
소요기간(일)	33일	30일	28일	26일	24일	22일	21일	20일	19일	18일
소요기간(월)	1.1개월	1개월	-	-	-	-	-	-	-	-

● 위 표는 2회전, 5회전, 7.5회전보다는 6개월, 3.5개월, 1.7개월 이런 식으로 파악하는 것이 훨씬 체감적이라는 판단 아래 만들었습니다.

⑥ _ 성장성 지표

"최홍만 선수가 지난 시합 때보다 실력이 많이 좋아진 것 같네. 이젠 니킥도 할 줄 알고 몸놀림도 많이 좋아지고 펀치도 많이 날리는 것을 보면…." 하고 말할 때 이게 바로 '성장성'입니다.

1) 매출액증가율

공식은 (당기매출액-전기매출액)/전기매출액×100입니다. 만약 전기매출액이 301만 원이었다면 매출액증가율은 어떻게 될까요? (420만 3,000원-301만 원)/301만 원×100이므로 39.6% 증가로 나옵니다. 이렇게 전기와 비교해보고 또 전년동기와 비교해보면 위 기준표에 의해 점수를 매길 수 있을 것입니다.

최홍만 선수가 지난 경기 때는 시합에 나와서 삼십 대(매출액) 때리더니만 이번 시합 때는 사십 대나 때리면 (40-30)/30×100=33.3%이므로 지난 경기보다 33.3% 더 때렸다고 보면 됩니다.

2) 영업이익증가율

공식은 (당기영업이익-전기영업이익)/전기영업이익×100입니다. 만약 전기영업이익이 100만 원이라면? [(115-100)/100]×100=15% 증가입니다. 당연히 전년동기와도 비교해봐야 합니다.

"역시 많이 때리니까 점수로도 많이 연결시키는구나! 지난 시합에서는 여섯 대(영업이익)가 점수로 연결되더니 이번 시합에서는 여덟 대가 점수로 연결된 것 같네"라면 [(8-6)/6]×100=33.3%이므로 지난 경기보다 33.3% 더 점수와 연결시킨 셈이지요.

3) 순이익증가율

공식은 (당기순이익-전기순이익)/전기순이익×100입니다. 만약 전기순이익이 70만 원이라면? 〔(92만 8,000원-70만 원)/70만 원〕×100=32.5% 증가한 것입니다. 전년동기와도 비교해봐야 합니다.

"지난 시합에서는 심판판정 점수가 평균 5점(순이익) 정도이더니 이번 시합은 7점이나 되네"라면 〔(7-5)/5〕×100=40%이므로 이번 시합은 지난 시합 때보다 40%나 성장한 것입니다.

7 _ 현금흐름표 판단기준표

다음 분류기준에 의해 파악한다면 쉽게 점수화할 수 있을 것이라고 생각합니다.

현금흐름표 판단기준표

영업활동	투자활동	재무활동	점수(7점 만점)
+	-	-	7
+	-	+	5
+	+	-	3
-	-	+	2
-	+	-	1
-	-	-	0

7점	꾸준한 영업활동을 통한 현금흐름을 바탕으로 투자활동을 하면서 차입금을 갚는 기업입니다.
5점	영업활동 및 재무활동의 현금조달을 바탕으로 더욱 적극적 설비투자를 하는 기업입니다. 어떤 기업일까요? 한참 뻗어 나가려고 하는 기업이 해당될 것입니다. 단, 금융상품 가입, 유가증권 매수도 투자활동에 포함되므로 현금흐름표의 투자활동 부분에 대한 확인이 필요합니다.
3점	과잉설비(공장부지, 기계설비)나 무리한 투자자산 처분(금융상품, 증권, 투자부동산 등)을 통해 차입금을 상환하는 기업입니다. 이런 기업의 경우 발전성은 떨어질 가능성이 높습니다.
2점	차입금, 유상증자 등의 자금조달을 통한 설비투자는 어떤 경우일까요? 모 아니면 도.
1점	영업활동이 마이너스이므로 고정자산, 투자자산의 처분을 통해 차입금을 상환하는 경우에 해당될 것입니다. 그럼 이 기업은? 추세적으로 퇴보하는 기업일 가능성이 높습니다.
0점	영업활동, 투자활동, 재무활동이 마이너스이므로 그동안 축적해놓은 이익으로 시설투자를 하면서 차입금을 상환하는 경우이나 리스크가 매우 크다고 할 수 있습니다.

05 전환사채, 신주인수권부사채, 스톡옵션과 지분법

주식시장에서 주가에 부정적 영향을 미치는 전환사채, 신주인수권부사채, 스톡옵션의 의미와 각각의 차이점에 대해 알아본 후, 지주회사에 있어서 핵심적인 지분법에 대해서 알아보겠습니다.

특히 실전투자에서 전환사채, 신주인수권부사채는 주가에 치명적인 악영향을 장기간 미치므로 특별한 경우를 제외하고는 피해야 합니다.

1 _ 전환사채, 신주인수권부사채, 스톡옵션

전환사채(CB)는 주식으로 전환할 수 있는 권리가 부여된 사채입니다. 황소가든이 돈을 빌리면서 상대방에게 "이자는 이자대로 주고 나중에 일정한 조건으로 사채를 주식으로 전환할 수 있는 권리도 줄게"라고 약속한 것입니다. 대신 이런 메리트가 있으니 이자는 좀 싸겠지요.

황소가든의 주식 수는 100,000주였습니다. 만약에 5,000만 원의 전환사채를 주당 5,000원에 발행했다면 향후 5,000만 원/5,000원=10,000주라는 주식 수가 증가합니다.

신주인수권부사채(BW)는 의미 그대로 신주를 인수할 수 있는 권리가 부여된 사채를 말합니다. 즉 사채 따로, 신주인수권리 따로라는 의미입니다. 이자는 이자대로 받고 돈 빌려준 회사 주가가 올라가면 정해진 가격에 주식으로 전환해서 이득도 보고, 꿩 먹고 알 먹고이지요. 전환사채와의 차이점을 볼까요? 전환사채는 일정 기간 이자 받다가 주가가 올라가면 주식으로 전환하면서 사채는 없어집니다. 반면, 신주인수권부사채는 황소가든이 약속한 사채를 상환할 때까지 사채는 그대로 있는 상태에서 좋은 조건이 되었을 때 황소가든에 별도로 현금을 지불하고 주식으로 전환합니다.

전환사채와 신주인수권부사채의 차이점을 황소가든 입장에서 정리해보면 다음과 같습니다.

항목	전환사채 5,000만 원	신주인수권부사채 5,000만 원	공통사항
사채	싼 이자	싼 이자	조건이 맞지 않을 때는 주식
주식전환시	사채 5,000만 원이 주식이 되면서 사채 없어짐	사채 5,000만 원은 그대로 있는 상태에서 별도로 5,000만 원을 납입	전환 포기하면서 그동안 못 받은 이자를 받을 수 있음

스톡옵션(주식매수선택권)은 최고경영자, 임원, 직원 등에게 사기진작을 위해 추후 일정 가격에 주식을 살 수 있는 권리를 부여한 것입니다. 전자공시시스템의 양식은 다음의 그림을 보시면 금방 이해할 수 있습니다.

전자공시시스템 ➡ 기업명 OR 코드번호 ➡ 보고서 선택 ➡ Ⅴ. 지배구조 및 관계회사 등의 현황 ➡ (2) 주식매수선택권 부여행사 현황

그림 1

마. 주식매수선택권

[2004년 8월 13일 현재]

(단위 : 원, 주)

부여일	관계	부여받은자성명	주식의종류	부여주식 수	행사주식 수	미행사주식 수	행사기간	행사가격	최근 주가(공모가격)	비고
2000년 3월 17일	등기임원	안복현	보통주	100,000	0	100,000	2003. 3.18 ~ 2010. 3.17	6,900	14,400	
2000년 3월 17일	등기임원	원대연	보통주	100,000	0	100,000	〃	〃	〃	
2000년 3월 17일	등기임원	이종호	보통주	40,000	0	40,000	〃	〃	〃	
2000년 3월 17일	미등기임원	안형규	보통주	40,000	0	40,000	〃	〃	〃	
2000년 3월 17일	등기임원	천기수	보통주	40,000	0	40,000	〃	〃	〃	
2000년 3월 17일	미등기임원	백영문	보통주	40,000	40,000	0	〃	〃	〃	
2000년 3월 17일	미등기임원	윤후근	보통주	40,000	40,000	0	〃	〃	〃	
2000년 3월 17일	미등기임원	서정국	보통주	30,000	0	30,000	〃	〃	〃	
2000년 3월 17일	미등기임원	박동수	보통주	30,000	30,000	0	〃	〃	〃	
2001년 3월 5일	등기임원	안복현	보통주	80,000	0	80,000	2004. 3. 6 ~ 2011. 3. 5	6,300	〃	

전자공시시스템 ➡ 기업명 OR 코드번호 ➡ 보고서 선택 ➡ Ⅰ. 회사의 개황 ➡ 3. 자본금 변동 상황

그림 2

다. 전환사채

해당사항 없음.

(단위 : 원, 주)

구 분		제XX회 XX 전환사채	...	...	합 계
발 행 일 자					
만 기 일					
권 면 총 액					
사채배정방법					
전환청구가능기간					
전환조건	전환비율(%)				
	전환가액				
전환대상 주식의 종류					
기전환사채	권면총액				
	기전환 주식 수				
미전환사채	권면총액				–
	전환가능 주식 수				–
비 고					

전자공시시스템 ➡ 기업명 OR 코드번호 ➡ 보고서 선택 ➡ Ⅰ. 회사의 개황 ➡ 3. 자본금 변동 상황

그림 3

라. 신주인수권부사채

(2006.6.30 현재)　　　　　　　　　　　　　　　　　　　　　　　(단위 : 원, 주)

구 분		제190회 무보증 해외 신주인수권부사채	합 계
발 행 일 자		1999.8.5	-
만 기 일		2009.8.5	-
권 면 총 액		U$30,000,000	-
사채배정방법		일반공모	-
신주인수권 행사가능기간		1999.11.5 - 2009.7.21	-
행사조건	행사비율(액면대비)	100%	-
	행사가액	6,971	-
행사대상 주식의 종류		기명식 보통주	-
기행사신주 인수권부사채	권면총액	4,200,000	4,200,000
	기행사 주식 수	693,492	693,492
미행사신주 인수권부사채	권면총액	1,800,000	1,800,000
	행사가능 주식 수	311,636	311,636
비 고		1.무기명 2.룩셈부르크 증권거래소 3.행사환율 : 1,206.9원	-

- 신주인수권부사채 발행일자는 1999년 8월 5일입니다. 오래도 됐네요.

- 만기일은 2009년 8월 5일입니다. 만약 만기일까지 주식으로 전환되지 않으면 권리가 소멸됩니다. 보통 8월 5일이면 7월 5일 전에는 주식으로 전환해야 합니다.

- 당시 발행총액은 3,000만 달러였군요.(환율 1,000원으로 계산시 300억 원)

- 신주인수권 행사가능기간이라 하여 친절하게 또 나와 있습니다. 1999. 11. 5. ~2009. 7. 21. 입니다. 발행일, 만기일과 각각 기간 차이가 있지요.

- 행사조건은 추후 주식으로 전환할 때 6,971원에 전환이 가능하다고 되어 있군요. 보통주로 말이지요.

- 기행사 신주인수권부사채: 귀신같이 먼저 전환한 물량이 있습니다.

- 미행사 신주인수권부사채: 아직 전환되지 않고 있는 물량이 311,636주 있네요. 이 물량이 나중에 주식 수를 증가시킬 물량입니다.

지금까지 살펴본 전환사채, 신주인수권부사채, 스톡옵션은 주주 입장에서는 안 좋은 것입니다. 이유는 많지요. 시설투자를 위해, 신기술 개발을 위해, 우수인력을 확보하기 위해 등등. 하지만 발행 당시 그리고 전환 전후 일정 기간 동안은 주가에 부정적인 영향을 줄 수밖에 없습니다.

그리고 투자하는 기간 동안에 전환 가능한 전환사채, 신주인수권부사채가 있는 경우에는 이 수량을 주당순이익에 반영해서 계산하는 것이 옳다고 생각합니다. 좀더 생각해보면, 속된 말로 같은 값이면 전환사채, 신주인수권부사채가 없거나 미미한 기업에 투자하는 것이 좋을 것입니다. 언제, 얼마에 전환될지 신경 쓰지 않아도 되니까요.

그리고 과거 전환사채, 전환 신주인수권부사채 같은 경우도 언제 전환되었는지 확인이 가능합니다. 이 부분도 확인해볼까요?

그림 4

가. 자본금 변동상황

(1) 증자현황

(단위 : 원, 주)

주식발행일자	발행형태	발행한 주식의 내용				
		종류	수량	주당 액면가액	주당 발행가액	비고
2004년 2월 27일	주식배당	보통주	1,191,150	5,000	5,000	
2004년 10월 21일	신주인수권행사	보통주	66,453	5,000	8,530	
2005년 2월 28일	신주인수권행사	보통주	69,252	5,000	6,971	
2005년 3월 15일	신주인수권행사	보통주	99,679	5,000	8,530	
2005년 5월 30일	신주인수권행사	보통주	33,226	5,000	8,530	
2005년 6월 24일	신주인수권행사	보통주	33,226	5,000	8,530	
2005년 7월 12일	신주인수권행사	보통주	232,587	5,000	8,530	
2005년 7월 19일	신주인수권행사	보통주	166,133	5,000	8,530	
2005년 8월 12일	신주인수권행사	보통주	219,297	5,000	8,530	
2005년 8월 19일	신주인수권행사	보통주	33,226	5,000	8,530	
2005년 8월 29일	신주인수권행사	보통주	299,041	5,000	8,530	
2005년 8월 31일	신주인수권행사	보통주	13,290	5,000	8,530	
2005년 9월 7일	신주인수권행사	보통주	198,696	5,000	8,530	
2005년 9월 13일	신주인수권행사	보통주	66,453	5,000	8,530	
2005년 9월 20일	신주인수권행사	보통주	166,134	5,000	8,530	
2005년 9월 22일	신주인수권행사	보통주	270,466	5,000	8,530	
2005년 12월 8일	신주인수권행사	보통주	19,910	5,000	6,971	

전환 연도, 전환주식 수, 전환 가격 등이 일목요연하게 보입니다.

저는 '핵심', '본질'이라는 단어를 좋아합니다. 예를 들면 위에서 알아본 사항은 3가지이지만, 주식투자자 입장에서는 3가지 사항에 대해 별도로 나누어 파악하기보다는 전체적인 맥락에서 주가에 미치는 공통점을 이해하는 것이 정답일 것입니다.

2 _ 지분법 – 친자의 경우

지주회사란 쉽게 말해 부모인데, 부모가 되는 방법은 두 가지입니다.

황소가든은 3년간 많은 돈을 벌었고 사업 확장의 필요성도 느끼게 됐습니다. 그래서 혜연 씨는 광주에 10억 원을 들여 (주)황소가든 광주점을 만들었습니다. 친자이지요. 이 때 현금 4억 원(주식 40%)만 황소가든 돈으로 투자, 나머지는 투자자 돈으로 충당했습니다. 4억 원은 대차대조표 어디에 적을까요? (주)황소가든＝본점, (주)황소가든 광주점＝지점.

본점 대차대조표

(지점 투자 전)　　　　　　　　　　　　　　　(지점 투자 후)

(단위: 억 원)

1. 유동자산	부채　　2억 원	1. 유동자산	부채　　2억 원
1) 당좌자산 **현금및현금등가물 10억 원**	1. 유동부채	1) 당좌자산 현금및현금등가물 6억 원	1. 유동부채
2) 재고자산	2. 고정부채	2) 재고자산	2. 고정부채
2. 고정자산	부채 총계	2. 고정자산	부채 총계
1) 투자자산	자본　　18억 원	1) 투자자산	자본　　18억 원
		지분법적용투자주식 4억 원	
2) 유형자산		2) 유형자산	
3) 무형자산		3) 무형자산	
자산 총계 20억 원	부채+자본 20억 원	자산 총계　　20억 원	부채+자본 20억 원

왜 '고정자산 → 투자자산 → 지분법적용투자주식'이 되는 걸까요? 본점이 지점에 투자한 이유는 1년 안에 팔 목적으로 투자한 걸까요? 설령 1년 안에 팔더라도 팔기 전까지는 오랜 기간 보유할 목적으로 투자한 것이기 때문에 고정자산이랍니다. 남녀가 결혼하는데 1년 안에 이혼하려고 결혼하지는 않잖습니까? 설령 이혼하더라도 결혼할 당시에는 주례의 말씀처럼 '검은 머리가 파뿌리가 될 때까지 백년해로'하라고 하잖아요.

그럼 고정자산이란 것은 알았으니 투자자산, 유형자산, 무형자산 중에서 하나겠네요. 유형자산에는 뭐가 있었지요? 토지, 건물, 기계장치, 비품 등은 본점 영업활동에 사용되는 자산입니다. 지분법적용투자주식 4억 원과 관련이 있을까요, 없을까요? 당연히 없습니다. 무형자산은 본점 영업에 필요하기는 한데 말 그대로 형태가 없는 자산입니다. 일명 투명인간이지요. 이 자산도 형태만 없을 뿐 본점 영업에 필요한 자산이므로 지점과는 관계가 없을 겁니다. 그럼 투자자산만 남네요. 투자자산에는 뭐가 있었지요? 장기금융상품, 매도가능증권이 있었습니다. 더불어 회계에서는 다른 기업을 지배하거나 영향력을 행사할 목적으로 매수한 주식에 대해서는 지분법적용투자주식이라고 적기로 약속한 것입니다. 그래서 '투자자산 → 지분법적용투자주식 4억 원'이라고 적습니다.

1) 지분법이 필요하게 된 이유와 적용기준

지점은 점차 본 궤도에 올라 매출액과 이익이 급격히 신장되었습니다. 그런데 본점은 파리만 날리고 있네요. 그래서 본점 대표이사 혜연 씨는 은행과 오빠, 소액주주들에게 면목이 없답니다. 그런데 섬광처럼 멋진

아이디어가 스쳐지나갑니다. "옳거니, 은행권의 신용도 회복하고 거래처 신용, 주가도 회복하려면 일단 본점의 안 팔리는 고기, 소주를 마진 붙여 지점에 넘겨버리고(많이 들어보셨을 내부거래) 연말에 배당금 지급받을 때 내가 가진 지분의 영향력을 행사해서 배당금을 몽땅 챙겨버리면 본점의 이익이 몰라보게 좋아지겠구나"라는 판단을 내렸습니다.

본점 손익계산서   본점 대차대조표

매출액	내부거래 출발점	자산	부채
매출원가		1. 유동자산	1. 유동부채
매출총이익			
판관비			
영업이익			
영업외수익			
배당금		2. 고정자산	2. 고정부채
영업외비용			
경상이익			자본
당기순이익	당기순이익 증가	→ → → →	이익잉여금 증가

위 표를 통해 내부거래 및 배당금에 의한 효과를 살펴봅니다.

_ 내부거래 효과   매출액 증대 → 영업이익 증가 → 경상이익 증가
    → 당기순이익 증가 → 이익잉여금 증가
_ 배당금(지분법 적용 전)   영업외수익 증가 → 경상이익 증가 → 당
    기순이익 증가 → 이익잉여금 증가

이와 같이 본점(투자회사)이 지점(피투자회사)에 대해 보유주식을 매개체로 영향력을 행사함으로써 내부거래 및 배당에 대한 영향력을 무단으로 행사하는 폐해를 막기 위해 등장한 것이 지분법적용투자주식입니다. 투자회사=투자한 회사, 피투자회사=투자당한 회사이지요.

사전적 의미로는 '투자회사가 피투자회사에 대해 중대한 영향력을 행사할 수 있는 경우에 적용한다'라고 되어 있습니다. 그럼 중대한 영향력이란 무엇일까요? '투자회사가 피투자회사의 재무정책과 영업정책에 관한 의사결정에 실질적인 영향력을 미칠 수 있는 능력'을 말합니다. 재무정책 하면 배당금을 연상하면 되겠고, 영업정책은 내부거래를 연상하면 됩니다.

위 사항을 정리해보면, '본점이 지점에 대한 배당금과 내부거래 의사결정에 실질적인 영향력을 행사할 수 있는 경우에 지분법을 적용한다'는 것입니다. 그럼 지분법을 적용해야 하는 구체적 기준을 알아볼까요?

(1) 지분율 기준

본점이 지점에 대해 직·간접적으로 의결권 있는 주식의 20% 이상을 보유하고 있을 때 지분법을 적용합니다.

> 지분율을 계산할 때 통상적으로 의결권이 없는 우선주, 전환사채, 신주인수권부사채는 제외합니다. 단, 전환사채, 신주인수권부사채의 경우 행사조건, 시기가 도래한다면 지분율 계산에 포함시킵니다.

(2) 실질영향력 기준

본점의 지점에 대한 지분율이 20% 미만이더라도 지점에 대해 실질적인 영향력을 행사할 수 있다면 지분법을 적용합니다.

구체적인 경우를 정리해보면,

①지점의 이사회, 의사결정기구에서 의결권을 행사하는 경우
②지점의 재무정책과 영업정책에 대한 의사결정 과정에 참여하는 경우
③지점의 재무, 영업정책에 참여할 수 있는 임원선임에 상당한 영향력을 행사할 수 있는 경우
④본점이 지점에 필수적인 기술정보를 제공하는 경우

라고 할 수 있겠습니다. 예외적인 부분은 생략하였습니다.

주식투자자 입장에서 볼 때 지분율 기준은 바로 눈에 띄는 반면, 실질영향력 기준은 애매한 부분이 있다는 점을 강조하면서 이해를 돕기 위해 예를 들어보겠습니다.

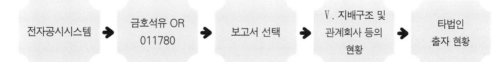

전자공시시스템 → 금호석유 OR 011780 → 보고서 선택 → Ⅴ. 지배구조 및 관계회사 등의 현황 → 타법인 출자 현황

그림 5

3. 타법인출자 현황

[2006. 6. 30 현재] (단위 : 천 주, 백만 원, %)

구분	계정과목	법인명 또는 종목명	출자목적	기초잔액			증가(감소)내역		기말잔액			피출자법인의 최근 사업년도 당기순이익	비고
				수량	지분율	장부가액	수량	취득(처분)가액	수량	지분율	장부가액		
국내	지분법적용투자주식	금호산업(주)(상장)	경영참여	22,660	42.49	412,533	(4,609)	(75,746) 30,946 (9,297)	18,051	33.85	358,436	90,000	매각 지분법평가 배당
		아시아나항공(주)(코스닥상장)	경영참여	25,590	14.61	136,093		8,295	25,590	14.61	144,388	31,254	지분법평가
		금호폴리켐(주)(비상장)	경영참여	2,150	50.00	27,287		(2,150) 3,217	2,150	50.00	28,354	17,568	배당 지분법평가
		금호미쓰이화학(주)(비상장)	경영참여	1,750	50.00	50,596		(3,500) 5,598	1,750	50.00	52,696	41,149	배당 지분법평가
		금호피앤비화학(주)(비상장)	경영참여	2,455	17.08	20,277	15,465	58,967 (4,260)	17,920	62.35	75,004	11,144	취득 지분법평가
		금호렌터카(주)(비상장)	경영참여	4,710	49.51	32,321	5,242	26,209 2,519	9,952	49.82	61,049	4,597	취득 지분법평가
		금호생명(주)(비상장)	경영참여	14,119	23.83	56,508		11,907	14,119	23.83	68,415	53,988	지분법평가
		한국복합물류(주)(비상장)	경영참여	1,539	16.04	8,569		644 (616)	1,539	16.04	8,597	8,297	지분법평가 배당
		금호타이어(상장)	경영참여	108	0.15	1,598	23,824	251,886 (805) (65)	23,932	34.19	252,614	98,199	취득 지분법평가 배당
	장기매도가능증권	(주)한주(비상장)	투자	125	11.03	624			125	11.03	624	(7,882)	
		콜럼비안케미칼즈코리아(주)(비상장)	투자	900	13.00	9,000			900	13.00	9,000	369	
국외	지분법적용투자주식	상해금호일려소료유한공사(비상장)	경영참여	출자금형태	50.00	2,014		(143)		50.00	1,871	1,425	지분법평가

계정과목을 보면 지분법적용투자주식, 장기매도가능증권으로 구분되어 있고, 출자목적에 참여목적이 경영참여냐 단순투자냐로 나와 있습니다. 기초잔액은 이 내용이 2005년 12월 31일 시점의 수량, 지분율, 장부가액임을 의미합니다. 기말잔액은 2006년 반기보고서 작성일 현재 수량

과 지분율, 장부가액을 의미하고요. 그리고 옆에 보시면 피출자법인의 최근사업년도 당기순이익이 나와 있습니다. 최근사업년도는? 2006년 6월 30일 현재이므로 2005년 당기순이익을 뜻합니다. 그리고 아래 내용 중에서 아시아나항공을 보면 이상한 점이 눈에 띄네요. 지분율 14.61% 인데 지분법 평가를 한다고 되어 있습니다. 이것이 의미하는 것은 조금 전에 설명한 지분율 기준이 아닌 실질영향력을 기준으로 지분법 적용을 했다는 뜻입니다. 어떤 실질영향력일까요? 살펴보도록 하겠습니다.

금호석유와 금호아시아나의 경영진 구성(그림 6, 7 참조)을 보니 대표이사와 부회장이 동일합니다. 겸직을 하고 있네요. 실질영향력 기준의 1.지점의 이사회, 의사결정기구에서 의결권을 행사하는 경우에 해당됩니다.

그림 6

종목 011780 ▼ ⬆ ? ➡ +금호석유 　　　　　　　　재무분석

경영진 구성
[기준일 : 2006. 6. 30]

성 명	직 위	생 년 월 일	최 근 경 력
박삼구	비상근 대표이사 회장	1945. 3. 19	현)금호아시아나 그룹 회장
박찬구	대표이사 부회장	1948. 8. 13	
김흥기	대표이사 사장	1946. 12. 15	
김완재	대표이사 부사장	1946. 4. 12	
김광두	사외이사	1947. 8. 5	현)서강대학교 교수
이수길	사외이사	1945. 1. 25	공인회계사
김영일	사외이사	1940. 9. 29	현)스포츠투데이 회장
민승기	사외이사	1948. 4. 28	도로교통안전관리공단 이사
김성채	비등기 부사장	1952. 5. 20	
송석근	비등기 상무이사	1952. 12. 13	

그림 7

종목 020560 #아시아나항공 　재무분석

경영진 구성

[기준일 : 2006. 6. 30]

성 명	직 위	생 년 월 일	최 근 경 력
박삼구	대표이사 회장	1945. 3. 19	현)금호산업(주) 대표이사/(주)금호 대표이사
박찬법	대표이사 부회장	1945. 3. 25	현)아시아나공항개발 대표이사/(주)금호 이사
박찬구	비상근대표이사부회장	1948. 8. 13	현)금호산업 대표이사/(주)금호아티어/(주)금호몬산토
강주안	대표이사 사장	1948. 7. 26	현)아시아나공항개발 대표이사 사장
곽수일	사외이사	1941. 6. 30	현)서울대 경영학과 교수
김문순	사외이사	1944. 3. 3	현)조선일보출판편집인 이사
유상열	사외이사	1940. 9. 10	한국고속철도건설공단 이사장/건설교통부 차관
브래드 병식 박	사외이사	1945. 8. 15	BRADCAL INC. C.F.O
임인택	사외이사	1940. 6. 8	건설교통부 차관
길병위	비등기 부사장	1948. 10. 9	(주)금호

　그럼 지금까지 학습한 내용을 바탕으로 지점의 영업성과가 본점의 손익계산서와 대차대조표에 미치는 영향을 살펴보도록 하겠습니다. 먼저 본점이 지점에 주식 40%를 투자할 때 대차대조표를 다시 살펴보면 다음과 같습니다(p.125 위 표 참조).

　지점이 오픈 후 본점의 인지도를 바탕으로 1/4분기 5,000만 원의 당기순이익을 달성했다면 1/4분기 본점에 반영되는 이익은 얼마일까요? 지점 손익계산서 이익 5,000만 원의 40%에 해당되는 2,000만 원이 본점 손익계산서에 반영되고, 대차대조표에도 지분법적용투자주식이 2,000만 원 증가합니다. 표를 통해 살펴보겠습니다(p.125 아래 표 참조).

대차대조표

(2009. 12. 31. 현재)

본점 (단위: 원)

1. 유동자산	부채
1) 당좌자산 현금및현금등가물 6억 원	1. 유동부채
2) 재고자산	2. 고정부채
2. 고정자산	부채총계
1) 투자자산	자본
지분법적용투자주식 4억 원	
2) 유형자산	
3) 무형자산	
자산 총계 20억 원	부채+자본 20억 원

손익계산서

(2010. 1. 1.~ 3. 31.)

대차대조표

(2010. 3. 31. 현재)

본점 (단위: 원)

매출액		자산	부채
매출원가		1. 유동자산	1. 유동부채
매출총이익		1) 당좌자산	
판관비		현금및현금등가물 6억 원	
영업이익			
영업외수익			
지분법 이익	2,000만 원	2. 고정자산	2. 고정부채
영업외비용		1) 투자자산	
경상이익		지분법적용투자주식 4억 2,000만 원	자본
당기순이익	2,000만 원	→ → → →	이익잉여금 2,000만 원

반대로 5,000만 원의 당기순손실이 발생했다면 어떻게 될까요?

본점 손익계산서에는 -5,000만 원 손실의 40%에 해당되는 2,000만 원의 손실이 반영되고, 대차대조표에도 지분법적용투자주식이 2,000만 원 줄어든답니다.

손익계산서
(2010. 1. 1. ~ 3. 31.)

대차대조표
(2010. 3. 31. 현재)

본점

(단위: 원)

매출액		자산	부채
매출원가		1. 유동자산	1. 유동부채
매출총이익		1) 당좌자산	
판관비		현금및현금등가물 6억 원	
영업이익			
영업외수익			
영업외비용		2. 고정자산	2. 고정부채
지분법 손실	-2,000만 원	1) 투자자산	
경상이익		지분법적용투자주식 3억 8,000만 원	자본
당기순이익	-2,000만 원	→ → → →	이익잉여금 -2,000만 원

그럼 거래소에 상장된 지주회사의 지분법 이익, 손실을 살펴보도록 하겠습니다.

그림 8을 보면 영업외수익에 지분법 이익, 영업외비용에 지분법 손실이라고 각각 표시되어 있습니다. 왜 한 곳에 나타내지 않고 각각 표시하

였을까요? 회계의 손익계산서 작성기준에 총액주의라는 원칙이 있습니다. 이 원칙에 의해 각각의 총액을 표시(이자수익 ↔ 이자비용, 지분법 이익 ↔ 지분법 손실)해야 하기 때문입니다. 참고로 지분법 이익, 지분법 손실이 있다는 의미는 무엇일까요? 지분법 적용을 하는, 흔히 말하는 계열사가 두 개 이상의 기업이 있다는 의미일 것입니다. 지분법이 기업에 적용된 시기는 2005년부터이며 이 제도 적용으로 순이익에 영향을 미치기 시작하면서 2005년부터 지주회사 열풍이 불었습니다.

그림 8

Ⅵ. 영업외수익	86,416
1. 이자수익	2,948
2. 배당금수익	999
3. 외환차익	9,363
4. 외화환산이익	12,969
5. 통화선도평가이익	184
6. 통화선도거래이익	1,429
7. 파생상품평가이익	-
8. 파생상품거래이익	-
9. 장기투자증권감액손실환입	-
10. 장기투자증권처분이익	354
11. 지분법 이익	57,736
12. 지분법적용투자주식처분이익	-
13. 유형자산처분이익	134
14. 기타영업외수익	300
Ⅶ. 영업외비용	57,707
1. 이자비용	24,109
2. 매출채권처분손실	2,311
3. 외환차손	4,181
4. 외화환산손실	1,279
5. 통화선도평가손실	9,540
6. 통화선도거래손실	2,496
7. 파생상품평가손실	2,497
8. 파생상품거래손실	-
9. 장기투자증권감액손실	-
10. 장기투자증권처분손실	-
11. 지분법 손실	3,077

3 _ 지분법 – 양자의 경우

    (주)황소가든은 사세확장을 위해 20년 전통을 가진 (주)송아지가든을 인수하기로 결정했습니다. (주)송아지가든의 대차대조표를 살펴보았습니다. 이하 (주)황소가든=본점, (주)송아지가든=지점으로 통일합니다.

대차대조표

(주)지점   (단위: 원)

1. 유동자산		부채	1억 원
2. 고정자산		자본	2억 원
자산 총계	3억 원	부채+자본	3억 원

    자산은 3억 원이며 부채는 1억 원, 자본은 2억 원입니다. 본점은 지점의 대차대조표 내용을 파악한 후 지점과 인수가격 협상을 하게 되었습니다. 본점이 조건으로 제시한 가격은 2억 5,000만 원이었으며 지점이 제시한 가격은 5억 원이었습니다. 본점에서는 자신들이 제시한 가격과 너무 많은 차이가 발생하는 관계로 지점 사장인 지영 씨에게 이유를 물어보았습니다. 그러자 지영 씨는 "지금 지점소유 가든 부지는 이 지역에서 황금상권에 포함되는 알짜배기 토지이면서 좋은 길목에 위치해 있어 손익계산서를 보면 알겠지만 장사도 잘 된답니다"라고 대답했습니다.

그래서 본점에서는 지점이 위치한 근처 부동산에 가서 알아보니 아닌게 아니라 상당히 비싼 가격에 거래되고 있었습니다. "흠, 그래서 지영씨가 우리에게 비싼 인수조건을 내걸었구나!"라고 수긍하게 되었습니다. 실제로 토지 같은 경우 대차대조표에 표시된 토지가격은 구입 당시 가격인 관계로 실거래가와는 차이가 있습니다. 이런 토지의 경우처럼 실거래가와 대차대조표에 기재된 가격의 차이를 순자산공정가액과 순자산장부가액의 차이라고 합니다. 쉬운 이해를 위해 '순자산공정가액=실거래가, 순자산장부가액=구입 당시 가격'으로 바꿔 부르겠습니다.

순자산=자본=자기자본, 모두 같은 의미입니다. 위의 대차대조표에서는 자본 2억 원을 말합니다. 즉 2억 원의 공정가액과 2억 원의 장부가액의 차이가 2억 원이라면 원래 2억 원+2억 원=4억 원이라는 뜻인데 그럼 나머지 1억 원은 무엇일까요? 보통 권리금이라고 하지요. 마찬가지로 한 기업이 다른 기업을 인수할 때 영업권에 대한 가치를 지불합니다. 즉 1억 원=영업권입니다. 표로 정리해보면 다음과 같습니다.

구 분	금 액
구입 당시 가격	2억 원
실거래가 ↔ 구입 당시 가격	2억 원
영업권	1억 원
합계	5억 원

결국 본점은 지점이 제시한 가격 5억 원을 수긍하고 5억 원 가운데 지분 80%를 4억 원에 인수했습니다. 그럼 본점이 지점 인수를 위해 투자

한 4억 원을 표로 정리해보면 다음과 같습니다.

██████ 본점이 지점 인수를 위해 투자한 금액(지분 80%)

구 분	금 액
구입 당시 가격	1.6억 원(2억 원×80%)
① 실거래가 ↔ 구입 당시 가격	1.6억 원(2억 원×80%)
② 영업권	8천만 원(1억 원×80%)
합계	4억 원

그럼 본점의 대차대조표는 어떻게 변하는지 살펴보도록 하겠습니다. 지분투자를 통해 본점 손에 들어온 것은 4억 원 어치 주식(지분 80%)이고 나간 것은 현금 4억 원입니다.

대차대조표(본점)

(지점 인수 전)   (지점 인수 후)

(단위: 원)

1. 유동자산	부채	2억 원	1. 유동자산	부채	2억 원
1) 당좌자산 **현금및현금등가물 10억 원**			**1) 당좌자산** 현금및현금등가물 6억 원		
2. 고정자산			2. 고정자산		
1) 투자자산	자본	18억 원	**1) 투자자산**	자본	18억 원
			지분법적용투자주식 4억 원		
자산 총계 20억 원	부채+자본	20억 원	자산 총계 20억 원	부채+자본	20억 원

이상하지요? 현금이 나갔는데 왜 자산에는 변동이 없을까요? 현금 4억 원이라는 유동자산이 나가는 대신 '고정자산 → 투자자산 → 지분법적용투자주식'이 4억 원 어치 들어온 관계로 자산에는 변동이 없습니다.

그렇다면 친자와 양자의 차이는 ① 실거래가 ↔ 구입 당시 가격 차이 + ② 영업권이라는 부분에서 차이가 난다는 사실을 알 수 있습니다. 왜 친자와 양자 사이에 이런 차이가 발생할까요? 친자는 처음부터 본점이 투자했으므로 '실거래가=구입 당시 가격'이면서 영업권은 0원이지만 양자는 (주)송아지가든의 경우처럼 '실거래가 ↔ 구입 당시 가격 사이'에 20년(영업기간)과 같은 기간이 존재하기 때문에 구입 당시 가격과 실거래가가 같을 수가 없습니다.

회계에서는 ①+② 차이를 최대 20년 범위 내에서 일정 기간 나눠서 깎아나가라고 하고 있습니다. 생각해보니 감가상각비와 비슷하네요. 감가상각비도 황소가든이 기간을 자체적으로 정해서 깎아나갔으니까요.

인수 후 본점과 지점은 시너지 효과를 발휘하면서 기대 이상의 성장을 했습니다. 그리고 어느덧 연말결산 시점이 되었습니다. 지점의 순이익은 5,000만 원입니다.

본점의 지점에 대한 순자산지분가액은 1억 6,000만 원(2억 원×80%)입니다. 그런데 지분인수를 위해 실제 투자된 금액은 4억 원입니다. 4억 원-1억 6,000만 원=2억 4,000만 원, 이 금액을 5년 동안 상각하기로 방침을 정했다면(2.4억/5년), 즉 4,800만 원이라는 금액이 매년 상각해야 할 금액이 됩니다. 본점은 4,800만 원이라는 금액을 인식할 지분법 이익과 상계합니다. 지분법 이익은 얼마일까요? 5,000만 원×80%=4,000만 원이 본점이 인식하는 지분법 이익입니다.

결과적으로 4,000만 원이라는 지분법 이익이 들어오고, 나가는 것은 4,800만 원이라는 상각금액이 될 것이므로 4,000만 원 vs 4,800만 원의 차이인 800만 원은 '영업외비용 → 지분법 손실 800만 원'이 될 것입니다.

지분법 이익과 상각금액과의 관계 및 본점 손익계산서, 대차대조표의 변화를 살펴보면 다음과 같습니다.

> 지분법이익 〉상각금액 → 영업외수익 → 지분법 이익
> 지분법이익 〈 상각금액 → 영업외비용 → 지분법 손실

본점 손익계산서

(단위: 원)

매출액	
매출원가	
매출총이익	
판관비	
영업이익	
영업외수익	
영업외비용	
지분법 손실	800만 원
경상이익	
당기순이익	−800만 원

대차대조표(본점)

(지점이익·상각금액 반영 전) ... (지점이익·상각금액 반영 후)

(단위: 원)

1. 유동자산	부채	2억 원	1. 유동자산	부채	2억 원
1) 당좌자산			1) 당좌자산		
현금및현금등가물 6억 원			현금및현금등가물 6억 원		
2. 고정자산			2. 고정자산		
1) 투자자산	자본	18억 원	**1) 투자자산**	**자본**	**17.92억 원**
지분법적용투자주식 4억 원			지분법적용투자주식 3.92억 원	이익잉여금	-800만 원
자산 총계 20억 원	부채+자본 20억 원		자산 총계 19.92억 원	부채+자본 19.92억 원	

4 _ 배당금 및 요약

　해가 바뀌어 지점은 주주총회에서 500만 원의 배당을 결의했습니다. 이 경우 본점의 재무제표는 어떤 영향을 받을까요?

　본점 손에 들어온 것은 미수금 400만 원이라는, 지점에서 현금을 받을 수 있는 권리가 들어온 것이며, 나간 것은 지분법적용투자주식 400만 원입니다. 왜 500만 원이지 400만 원이냐고요? 본점이 지점에 대해 가지고 있는 지분이 몇 %였지요? 80%였습니다. 그럼 당연히 배당금 총액 500만 원에 대해서도 80%를 받아야겠지요! 즉 500만 원×80%=400만 원이 됩니다. 그러면 왜 지분법적용투자주식에 배당금을 더해야 지분

전환사채, 신주인수권부사채, 스톡옵션과 지분법

본점 대차대조표(배당금 400만 원 결의시)

(단위: 원)

1. 유동자산	부채	2억 원	1. 유동자산	부채	2억 원
1) 당좌자산 현금및현금등가물 6억 원			1) 당좌자산 현금및현금등가물 6억 원 미수금　　　400만 원		
2. 고정자산			2. 고정자산		
1) 투자자산	자본	17.92억 원	**1) 투자자산**	자본	17.92억 원
지분법적용투자주식 　　　3.92억 원			지분법적용투자주식 　　　3.88억 원		
	이익잉여금	-800만 원		이익잉여금	-800만 원
자산 총계　　19.92억 원	부채+자본	19.92억 원	자산 총계　　19.92억 원	부채+자본 19.92억 원	

법적용투자주식을 감소시킬까요? 이미 본점은 지점 지분 80%에 대해 4,000만 원의 지분법 이익을 반영해버렸기 때문에 배당금은 지분법적용투자주식을 해당 금액만큼 감소시켜야 합니다. 서두에서 말했었지요? 지분법의 목적은 내부거래 방지, 과도한 배당금 폐해 방지라고요.

그럼 배당금이 본점 통장으로 입금되면 미수금 400만 원은 없어지고 현금 400만 원이 늘어납니다. 손익계산서와 상관이 있을까요? 없습니다.

본점은 지점 지분 80%를 4억 원에 인수해서 지점 순이익 5,000만 원에 대해 4,000만 원을 지분법 이익으로 인식했으나, 상각비용 4,800만 원으로 인해 800만 원의 지분법 손실을 기록했으며, 또한 배당금 400만 원을 현금으로 받는 대신에 지분법적용투자주식 400만 원 어치를 감소

본점 대차대조표(배당금 입금시)

(단위: 원)

1. 유동자산	부채 2억 원	1. 유동자산	부채 2억 원
1) 당좌자산 현금및현금등가물 6억 원		1) 당좌자산 현금및현금등가물 6.04억 원	
2. 고정자산	자본 17.92억 원	2. 고정자산	자본 17.92억 원
1) 투자자산 지분법적용투자주식 3.88억 원	이익잉여금 −800만 원	1) 투자자산 지분법적용투자주식 3.88억 원	이익잉여금 −800만 원
자산 총계 19.92억 원	부채+자본 19.92억 원	자산 총계 19.92억 원	부채+자본 19.92억 원

시켰습니다.

그럼 본점은 지점 순이익×지분율에 해당하는 금액을 지분법 이익으로 인식하며 반대로 '지점 순손실×지분율＋상각금액'을 지분법 손실로 인식할 것이며, 배당금의 경우에는 '배당금이 들어오는 만큼 지분법적용투자주식을 감소시킨다'는 사실을 알 수 있습니다.

PART 2

기업분석을 알면
주가가 보인다

주식투자를 하는 데 있어 어떤 기준 없이 한때의 인기 업종 및 기업에 편중된 관심으로 분석을 하는

것은 분명히 잘못되었다고 할 수 있습니다. 인기 업종 및 기업은 업황이 변함에 따라 필연적으로

변하기 때문입니다. 이런 맥락에서 나무보다는 숲을 먼저 추적, 관찰하고 있어야 할 것입니다.

그러기 위해서는 주식투자에 활용 가능한 기업분석을 기초부터 제대로 할 줄 알아야 합니다.

시장 공감대를
01 알려면

시장 공감대는 재무제표처럼 1+1=2라는 공식이 존재하지 않고 투자자에 따라 상당한 차이를 보이는 부분이라고 생각합니다. 이처럼 주관적인 부분임에도 불구하고 여기에서 다루고자 하는 이유는 '이론적 기업분석 → 주식투자에 활용 가능한 기업분석'으로 변화하는 과정에서 반드시 필요한 사항이기 때문입니다. 저의 시행착오 및 경험을 토대로 적은 시간과 노력을 통해 독자적인 기업분석 능력을 갖출 수 있기를 바랍니다.

1 _ 주가결정 요소: 시장상황→업황→기업

주식시장이라는 큰 틀에서 한 기업의 주가를 결정짓는 요소는 상위개념 순으로 시장상황 → 업황 → 기업입니다. 위와 같은 분석방법을 top-down(큰 요소 → 작은 요소, 숲 → 나무) 방식이라고 합니다.

시장상황은 지수라고 생각하면 맞습니다. 시장상황을 구성하는 흔히 말하는 호재, 악재 등의 모든 요소가 반영되어 하루, 한 주, 한 달의 지수를 결정하니까요. 얼마 전 지수가 1,460에서 1,190까지 하락했던 과정을 생각해보면 이해가 되리라 생각합니다. 어떤 기업이든지 시장의 하락에서 자유로울 수는 없다는 게 저의 판단입니다. 하지만 우량한 기업과 우량해질 기업은 상대적인 하락폭이 적고 시장상황이 회복될 때 회복속도가 빠르다는 점이 부실한 기업과의 차이점입니다.

예를 들어 '오뚜기'가 있습니다. 오뚜기는 손으로 눕혔다(지수하락) 손을 떼는 순간(지수회복) 언제 그랬느냐는 듯이 바로 일어납니다. 하지만 고장 난 오뚜기는 그러지 못하겠지요. 멀쩡한 오뚜기 vs 고장 난 오뚜기 =우량한 기업 또는 우량해질 기업 vs 부실한 기업 이라고 이해하면 되겠습니다.

다음은 업황입니다. 예를 들어, 친구를 만났습니다. "너 요즘 살기 어떠냐?", "응, 요즘 잘 나가고 있어. 좋은 조건에 오라는 데가 많아"라고 할 때 이것이 업황입니다.

경제신문을 보면 '향후 내수경기 위축, 돈 있는 사람들도 지갑을 닫는다'라는 이야기를 종종 접할 수 있습니다. 그럼 이 부분이 주식시장의 어떤 업종에 영향을 미칠 수 있는지 살펴볼까요? 우선 상식선에서 생각나는 업종이 의류와 백화점 업종이 될 것입니다. '의복에 대한 지출 감소 → 의류, 백화점 매출 감소 → 주가하락'이 될 것입니다. 물론 향후 업황이라는 부분은 많은 변수가 있으므로 실제로 단기간에 다시 회복되거나 그렇게 되지 않을 가능성이 있음에도 불구하고 이런 식의 기사, 시황, 애널리포트 발표의 횟수가 늘어나고 강도가 강해질수록 현재 실적이 좋아도 의류, 백화점 관련 업종은 민감하게 반응하면서 하락한다는 것입니다. 주식시장이 싫어하는 것이 바로 불확실성이라는 점과 선반영이라는 특징임을 염두에 두시면 주식투자에 활용 가능한 기업분석을 하는 데 도움이 될 것입니다.

그럼 좀더 자세히 업황에 대해 알아보도록 하겠습니다. 업황은 현재 업황(20%), 가시권의 업황(60%, 통상 3개월), 미래의 업황(20%, 6개월 이상)으로 나누어진다는 것이 그동안 투자를 하면서 얻은 결론입니다. 더불어 이러한 업황의 미래지향적인 특징은 시장상황과 비슷하다고 할 수 있습니다. "주식시장은 6개월 정도 선행한다"라는 말을 자주 듣습니다. 마찬가지로 "업황도 3개월 정도 선행한다"라는 것이며 업황 사이클은 통상 1~3년을 주기로 형성된다는 점을 염두에 두셨으면 합니다. 전기전자, 비금속광물, 의류, 증권, 철강업종 지수를 월봉으로 살펴보면 업황 사이클에 대하여 이해가 될 것입니다. 결국 업황이란 호황, 불황, 정체 한 지점에 머무는 것이 아니라 일정한 사이클을 그리면서 상승과 하락을 하는 것이 보통입니다.

그렇다면 사이클이 형성되는 근본원인은 무엇일까요? 수요와 공급입니다. '수요〉공급' 시기라면 업황 사이클은 상승을 하므로 해당 업종은 시장수익률 대비 초과수익을 거둘 것이며, '수요〈공급' 사이클이라면 하락을 하므로 해당업종은 시장수익률 대비 초과하락을 보일 것입니다. 물론 시장상황이라는 상위개념이 우선이겠지만 일반적 시장상황이라면 말입니다.

　기업 부분은 가장 많은 분석방법이 있으며, 사례를 통해 다룰 내용이 므로 주가결정 요소에 "시장상황 → 업황 다음에 위치하는 것이 기업이 구나"라고 우선 이해하면 되고, 기업분석 과정에서 다시 다루도록 하겠습니다.

2 _ 업종별 관심종목을 운영하라

주식투자를 하는 데 있어 어떤 기준 없이 한때의 인기 업종 및 기업에 편중된 관심으로 분석을 하는 것은 분명히 잘못되었다고 할 수 있습니다. 인기 업종 및 기업은 업황이 변함에 따라 필연적으로 변하기 때문입니다. 이런 맥락에서 나무보다는 숲을 먼저 추적, 관찰하고 있어야 할 것입니다. 더불어 아무런 기준 없이 무작정 손 가는 대로 기업을 대하기보다는 아래와 같은 방식으로 관심종목을 운영한다면, 지금보다는 효율적으로 기업분석을 하고 시야도 넓힐 수 있을 것이라고 생각합니다.

구 분	업 체 명
전기전자	삼성전자 LG필립스LCD 하이닉스 LG전자 삼성SDI LS전선 LS산전 가온전선
운수장비	현대차 기아차 현대모비스 현대오토넷 현대중공업 대우조선해양 삼성중공업 현대미포조선 쌍용차 한국프랜지
음식료업	하이트맥주 CJ 롯데제과 오리온 농심 롯데칠성 두산 삼양사 남양유업 빙그레 오뚜기 대한제분 동원F&B 삼양식품 샘표식품
섬유 · 의복	한섬 F&C코오롱 BYC
은행	국민은행 외환은행 기업은행 대구은행 부산은행 전북은행
비금속광물	쌍용양회 한일시멘트 한국유리 성신양회 전기초자 동양메이저 현대시멘트 아세아시멘트
금융업	우리금융 신한지주 하나금융지주 LG카드 한국금융지주 한국저축은행 솔로몬저축은행 금호종금 한불종금
증권	삼성증권 대우증권 우리투자증권 현대증권 미래에셋증권 대신증권 동양종금증권 교보증권 신영증권 메리츠증권 NH투자증권
보험	삼성화재 동부화재 코리안리 현대해상 LIG손해보험 메리츠화재 제일화재
종이 · 목재	한솔제지 무림페이퍼 한국제지 아세아페이퍼텍 수출포장 아세아제지
의약품	유한양행 한미약품 LG생명과학 녹십자 동아제약 종근당 대웅제약 광동제약 부광약품 일성신약
의료정밀	삼성테크윈
운수창고	대한항공 글로비스 한진해운 현대상선 대한통운 한진 한국공항 천일고속 동양고속
건설	현대건설 대우건설 현대산업 대림산업 GS건설 금호산업 두산산업개발 동부건설 코오롱건설 경남기업
기계	두산중공업 두산인프라코어 웅진코웨이 한라공조 현대엘리베이터 STX엔진 계양전기
화학	S-OIL SK LG화학 태평양 KCC 한국타이어 한화 LG석유화학 금호타이어 제일모직 동양제철화학 금호석유 SK케미칼 율촌화학 넥센타이어 동아타이어 태경산업
철강 · 금속	POSCO 현대제철 동국제강 현대하이스코 포항강판 포스렉
유통	신세계 롯데쇼핑 SK네트웍스 삼성물산 대우인터내셔널 현대상사 LG상사 현대백화점 롯데미도파 대우차판매 호텔신라 광주신세계 동양백화점 대구백화점 현대H&S 청호컴넷
서비스업	LG 강원랜드 GS 엔씨소프트 삼성엔지니어링 SBS 다우기술 대상홀딩스

● 작성기준은 업종별 시가총액 비중 및 연관성 고려, 업종 내 시가총액 상위기업 순, 중 · 소형주는 필요에 따라 추가, 삭제.

③ _ 비즈니스모델

B2B → 기업과 기업 간 거래

B2C → 기업과 소비자 간 거래

    관심 기업이 어떤 비즈니스 모델을 가지고 있는지를 파악하는 것은 기업분석에 상당한 도움이 됩니다.

    예를 들어 황소가든이 아파트 주민들을 상대로 고기를 1,000만 원 어치 팔았다면 B2C가 됩니다. 하지만 같은 고기라도 용준건설에 고기 1,000만 원 어치를 팔았다면 B2B가 되는 것입니다. 물론 100% B2B, 100% B2C 기업은 존재하지 않지만, 만일 황소가든의 매출액에서 기업과 기업 간 거래비중이 크다면 B2B 기업이 될 것입니다. 반대의 경우라면 B2C 기업이라고 말할 수 있습니다.

    B2B 기업은 기업분석이 어려운 편에 속합니다. 상식선에서 생각해보더라도 아파트 주민들은 적은 오차범위 내에서 다음 달에도 황소가든의 고기를 소비하겠지만, 용준건설은 다음 달에 단가인하를 요구할 수도 있고, 거래처를 바꿀 수도 있고, 공사가 끝나 다른 곳으로 옮겨갈 수도 있을 것입니다. 이 같은 변수는 황소가든 매출에 심각한 영향을 미칠 것이기 때문입니다.

    황소가든이 용준건설보다 아파트 주민들을 상대로 고기를 파는 것이 유리한 것처럼, 투자자도 B2C 기업에 투자하는 것이 B2B 기업에 투자하는 것보다 안전성과 지속성을 보장 받을 수 있습니다. 결국 기업분석이라는 측면에서 B2B 기업의 경우 분석하기가 어렵다는 것을 의미하며, 반대로 B2C 기업은 상대적으로 분석하기가 쉽다고 정리하겠습니다.

실례로 IT, 화학업종 같이 B2B가 주를 이루는 업종은 투자자 입장에서 향후 업황 및 실적의 추정치를 예측한다는 것이 상당히 어렵습니다. 이에 반해 의류, 음식료 업종 같은 경우는 백화점 매장이나 마트를 통해 간접체험(?)을 할 수 있으며 적은 시간과 노력을 통해 B2B 기업들보다 현실적인 기업분석을 할 수 있다는 장점이 있습니다. 그리고 B2B 기업의 경우, 상승과 하락폭이 상당한 진폭을 이루면서 일정 기간을 주기로 사이클을 형성하는 경우가 많습니다. 이것이 의미하는 것은 선반영에 의한 급격한 상승과 급격한 하락을 의미합니다. 반대로 음식료 업종 같은 경우는 상대적으로 적은 진폭을 유지하고 있습니다.

B2B 기업과 B2C 기업 비교

순번	항목/구분	B2B	B2C
1	기간 ↔ 기대수익률	크다(주가등락폭과 깊은 연관성)	적다
2	주가등락폭	크다	적다
3	연속성, 지속성 및 주가지지력	약하다	강하다
4	외부변수 영향	크다	적다
5	중·장기 보유	심적 부담감	심적 편안함

145페이지의 표는 거래소 업종별로 비즈니스모델을 나누어본 것입니다. 거래소 업종별 구분에 따라 업종 내 기업을 보다보면 "왜 이 기업이 여기에 있을까?"라는 의문이 들기도 한답니다. 업종별로 '비즈니스모델

■■■■■■ 업종별 비즈니스모델 구분

번호	업종/구분	B2B	B2B+B2C	B2C	특이기업
1	전기전자	○			
2	운수장비	○			현대모비스
3	음식료업			○	오리온, CJ
4	섬유·의복		○		
5	은행		○		
6	비금속광물		○		
7	금융업		○		금호종금, 한불종금
8	증권		○		동양종금증권
9	보험		○		코리안리
10	종이·목재		○		
11	의약품		○		LG생명과학, 동아제약, 광동제약
12	의료정밀	○			삼성테크윈
13	운수창고	○			글로비스, 한국공항
14	건설		○		
15	기계	○			웅진코웨이
16	화학	○			KCC, 제일모직, 율촌화학
17	철강·금속	○			현대하이스코, 포스렉
18	유통업		○		신세계, 대우차판매
19	서비스업		○		강원랜드, 삼성엔지니어링
20	전기 가스업			○	
21	통신업			○	

은 '이것'이라고 단정 지을 수는 없지만 큰 맥락에서 아래의 구분을 염두
에 두면 잘못된 업종선택으로 인한 시행착오를 줄일 수 있을 것이라 생

각합니다. 더불어 특이기업이라고 거론된 기업은 해당 업종 내에 존재하면서도 특별한 비즈니스모델을 가지고 있는 기업들을 발췌한 것입니다.

4_ 기업분석 흐름도

기업분석 흐름도는 기업분석의 순서 및 방법, 편리성을 제공함으로써 투자자의 시간과 노력을 감소시켜드리기 위해 저의 경험을 바탕으로 작성한 표입니다. 더불어 진행은 체감적인 이해 및 실제 주식투자에 활용가능하도록 B2C 기업인 광동제약(코드번호: 009290)의 재무제표를 바탕으로 분석해보도록 하겠습니다.

기업분석의 대전제는 대차대조표, 손익계산서, 현금흐름표, 각종 지표를 3년 정도의 연간 수치와 1년 이상의 분기별 수치를 기초로 분석해야 한다는 점입니다. 특히 1년 이상의 분기별 수치라는 의미는, 예를 들어 지금이 2006년 12월이라면 2005년 1/4분기부터 2006년 3/4분기까지의 재무제표를 분석대상에 포함시켜야 한다는 것입니다.

단 계		파 악
1단계	기업개요	어떤 기업인가?
2단계	사업구성	무엇을 만드는 기업인가?
3단계	매출	핵심제품은 잘 팔리고 있나?
4단계	사업부문별 재무현황	핵심제품의 기여도
5단계	주식관련 사항	○ 대주주지분율 ○ 주주분포 ○ 시가총액, 유동주식, 외국인지분율 ○ 자사주 현황 ○ 전환사채, 신주인수권부사채, 스톡옵션 유무 및 수량
6단계	배당	○ 시가배당률 ○ 당해연도 실적 및 향후 실적 고려
7단계	주당순이익, 주당순자산	○ 최근 주당순이익, 주당순자산 ↔ 주가 비교
8단계	손익계산서	○ 연간, 분기별 비교를 통한 의문사항 발견 → 원인분석 → 예측
9단계	대차대조표	○ 자산, 부채, 자본 추이 및 의문사항에 대한 해결
10단계	현금흐름표	○ 현금흐름의 지속성 파악
11단계	각종 지표	○ 기준표에 의한 구분 ○ 활동성, 성장성
12단계	목표가	실제 도달 가능한 가격

기업분석
02 실전 사례

서두에서 설명한 이론적 기업분석과 주식투자에 활용 가능한 기업분석을 이해하는 데 사례만큼 좋은 스승은 없으며, 이제 기업분석을 첫 대면하는 분들에게 기업분석의 핵심파악을 통해 올바른 기업분석의 기초를 마련해드리고자 합니다. 자료는 친근함을 느낄 수 있도록 홈트레이딩시스템(HTS)의 상장기업 분석을 최대한 활용하여 전자공시시스템의 막막함에서 다소나마 벗어날 수 있도록 하였습니다.

1 _1단계: 기업개요(어떤 기업인가?)

광동제약의 사업 분야는 HTS를 이용하여 핵심적인 사항을 파악할 수 있습니다.

HTS ➡ 상장기업 분석 ➡ 기업 개요

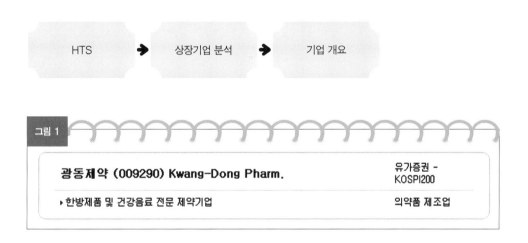

위 화면을 통해 광동제약은 한방제품 및 건강음료 전문 제약기업으로서 거래소 제약업종에 속한다는 것을 알 수 있습니다.

2 _ 2단계 : 사업구성(무엇을 만드는 기업인가?)

HTS ➡ 상장기업 분석 ➡ 기업 개요 ➡ 사업구성

그림 2

사업구성

[단위 : %]

매출구성	비타500	55.3	원가구성	재료비	65.3
	청심원류	6.8		노무비	6.0
	쌍화탕류	4.3		기타경비	28.6
수출비중		0.9	원자재	비타민 C	

사업구성은 광동제약이라는 기업이 어떤 제품을 만들고 있는지, 그리고 원가구성은 어떻게 되는지를 요약해서 보여주는 표입니다. 기업분석을 위해서 기업개요와 더불어 기본적으로 파악해야 할 사항이라고 하겠습니다.

'비타500'의 매출비중이 전체 매출의 55.3%로서 절대적인 비중을 차지하고 있는 상태에서 청심원류 6.8%, 쌍화탕류 4.3%의 비중임을 알 수 있으며, 수출비중은 0.9%로서 99% 정도를 내수에 의존하는 전형적인 내수기업임을 알 수 있습니다. 그리고 제품을 생산하는 데 원가구성은 재료비가 65.3%를 차지하고 있으며 주요 원재료는 비타민C라고 나타나 있습니다.

그러면 광동제약의 매출구성에서 절대비중을 차지하는 비타500에 대한 별도의 분석이 필요함을 알 수 있을 것입니다. 이유는 비타500의 활약 여부에 따라 주가가 좌우될 가능성이 높기 때문입니다.

3 _ 3단계 : 매출(핵심제품은 잘 팔리고 있나?)

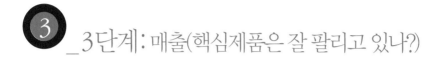

복잡하지요? 하지만 핵심은 몇 개에 지나지 않습니다(그림 3 참조).

_사업부문   어떤 루트를 통해 제품 또는 상품을 팔고 있느냐? 약국, 병원, 유통망을 이용한 매출로 이루어져 있다는 것을 알 수 있습니다.

_매출유형   제품은 광동제약이 직접 만들어서 파는 것이고 상품은 다른 회사가 만들어놓은 것을 가져다가 파는 경우를 의미합니다.

_품목   만들어서 팔고 있는 제품 이름이 나옵니다. 앞서 설명한 비타500이 눈에 떠네요. 이 글을 읽으시는 분

그림 3

(단위 : 천 개, 백만 원)

사업부문	매출유형	품목		제34기 분기		제33기 분기		제33기 연간	
				수량	금액	수량	금액	수량	금액
약국영업	제품	쌍화탕류	수출	29	8	30	5	58	10
			내수	33,404	6,776	35,649	6,724	63,306	12,246
			합계	33,433	6,784	35,679	6,729	63,364	12,256
		청심원류	수출	6	10	8	11	50	293
			내수	4,786	10,228	5,002	9,649	6,035	11,837
			합계	4,792	10,238	5,010	9,660	6,085	12,130
		하디콜씨리즈	수출						
			내수	2,966	2,001	1,688	1,245	2,620	1,712
			합계	2,966	2,001	1,688	1,245	2,620	1,712
		비타500	수출						
			내수	98,219	23,335	117,899	26,003	145,925	32,021
			합계	98,219	23,335	117,899	26,003	145,925	32,021
병원영업	제품	코포랑	수출						
			내수	16	2,179	22	3,037	29	3,964
			합계	16	2,179	22	3,037	29	3,964
		독시플루리딘	수출						
			내수	38	3,237	41	3,372	56	4,623
			합계	38	3,237	41	3,372	56	4,623
유통영업	제품	경옥골드	수출						
			내수	462	155	474	165	891	291
			합계	462	155	474	165	891	291
		비타500	수출	5,891	1,200	3,942	779	5,653	1,017
			내수	250,497	62,537	268,436	68,366	343,885	88,282
			합계	256,388	63,737	272,378	69,145	349,538	89,299
기 타	제품상품		수출		301		791		558
			내수		47,540		41,844		59,150
			합계		47,841		42,635		59,708
합 계			수출		1,519		1,586		1,878
			내수		157,968		160,405		214,126
			합계		159,507		161,991		216,004

들도 많이 드셔보셨죠? 하하.

광동제약이 설립된 지 2006년 3/4분기 현재 34년 9개월이 됐다는 의미입니다. 33기 분기는? 33년 9개월이 됐다는 의미이며, 2005년 분기와 비교해서 보여주고 있는 것입니다. 더불어 2005년 전체와도 비교해보라고 제33기 연간으로도 나와 있습니다.

핵심제품인 비타500 부분만을 별도로 살펴보면 다음과 같습니다.

(단위: 천 개, 백만 원)

		제34기 분기		제33기 분기	
		수량	금액	수량	금액
비타500 (**약국영업**)	내수	98,219	23,335	117,899	26,003
비타500 (**유통영업**)	수출	5,891	1,200	3,942	779
	내수	250,497	62,537	268,436	68,366
총 합계		354,607	87,072	390,277	95,148

제34기 분기까지(2006년 1~9월) 비타500을 3억 5,460만 병 가량을 팔아 870억 원의 매출을 올렸다는 의미입니다. 수출비중은 당연히 적겠지요? 사업구성에서 볼 때 0.9%밖에는 안 됐으니까요. 실제로 수출란을 살펴보니 589만 병을 팔아 12억 원의 매출을 올렸습니다. 제33기 분기까지(2005년 1~9월)는 3억 9,027만 병을 팔아 951억 원의 매출을 올렸습니다. 비교해보면 2006년 분기 현재 전년대비 수량, 금액 모두 감소했음을 알 수 있습니다.

그럼 광동제약 기업분석에 있어 중요한 부분을 설명하겠습니다. 제34기 분기의 비타500 수량과 금액은 2006년 1/4분기+2/4분기+3/4분기를 합한 수량과 금액입니다. 그러면 2006년 1/4분기 보고서에는 2006년 1/4분기 비타500 판매수량과 금액만 나와 있을 것입니다. 즉, 2006년 3/4분기 비타500 수량, 매출액-2006년 2/4분기 비타500 수량, 매출액=순수한 2006년 3/4분기 비타500 수량과 매출액이며, 이를 2006년 1/4분기, 2/4

B2B 기업도 매출에 관한 사항만을 통해 파악하면 되나요? 아닙니다. B2B 기업의 경우 앞서 비즈니스모델에서 학습하셨듯이 지속성과 연속성 측면에서 불안정한 관계로 이를 보완하기 위해서는 전자공시시스템 → 보고서 → 수주에 관한 사항(주문을 얼마나 받아놓았느냐?)을 파악해야 합니다. 지금 분석하고 있는 광동제약은 소비자를 상대로 하므로 영업의 연속성 측면에서 장기간 지속될 수 있지만 B2B 기업의 경우 수주가 매출액에서 차지하는 비중이 크므로 이 부분의 양과 질에 대한 별도의 분석이 필요하다는 뜻입니다. 참고로 B2B, B2C 기업을 쉽게 구분하는 방법은 수주계약, 판매계약과 같은 공시를 발표하는 기업의 경우는 거의 B2B 기업이라고 판단하면 됩니다.

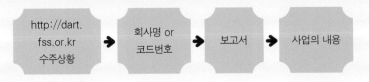

분기와 2005년에도 적용하면 핵심제품인 비타500의 2005년 1/4분기
~2006년 3/4분기의 분기별 수량, 매출액을 구할 수 있습니다.

이 내용을 정리해보면 다음과 같습니다. 표를 통해 증감비율을 쉽게
비교해볼 수 있으며 차트를 통해 시각적으로 느낄 수 있을 것입니다.

그림 4

비타500 분기별 판매수량 (단위: 병)

	2005년 1/4		2005년 2/4		전기	2005년 3/4		전기	2005년 4/4	
수량	89,644,000	100%	149,857,000	100%	167%	150,776,000	100%	101%	105,186,000	100%

	2006년 1/4		전년동기	2006년 2/4		전년동기	2006년 3/4		전년동기
수량	99,695,000	100%	111%	134,381,000	100%	90%	120,531,000	100%	80%

그림 5

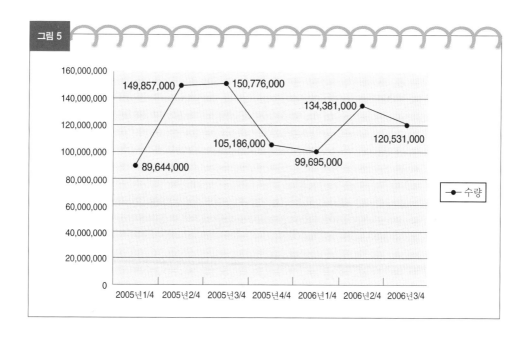

어떻습니까? 비타500의 2005년 이후 분기별 판매수량을 시각적으로 파악할 수 있지요? 2006년 1/4분기에는 전년대비 11%의 판매가 증가했으나 2/4분기에 10% 가량 줄었음을 알 수 있으며, 3/4분기에는 무려 20% 가량 감소하였음을 확인할 수 있습니다. 그리고 1년 중 비타500의 성수기는 더위가 몰려오는 2/4분기와 3/4분기임을 알 수 있습니다.

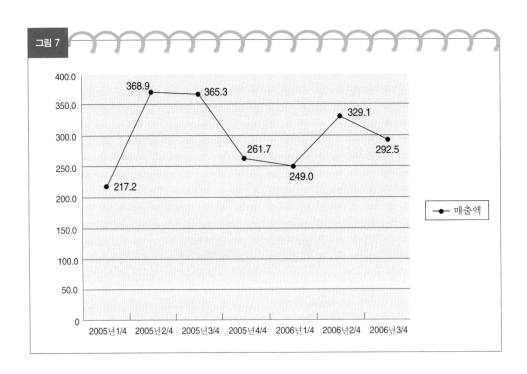

그림 6

비타500 분기별 매출액 (단위: 억 원)

	2005년 1/4		2005년 2/4		전기	2005년 3/4		전기	2005년 4/4		2006년 1/4		전년동기	2006년 2/4		전년동기	2006년 3/4		전년동기
매출액	217.2	100%	368.9	100%	170%	365.3	100%	99%	261.7	100%	249.0	100%	115%	329.1	100%	89%	292.5	100%	80%

그림 7

그림 6, 7은 매출액을 나타낸 것입니다. 2006년 1/4분기에는 15% 가량 늘었으나 2/4분기에는 판매수량 감소에 비례해서 줄었으며(-11%) 3/4분기에도 역신장(-20%) 하였습니다. 이것이 중요한 이유는 만약 비타500의 판매수량, 매출액이 증가했고 비중이 적은 청심원, 쌍화탕류 매출이 감소했다면 긍정적일 것이지만, 광동제약의 매출에 절대비중을 차지하는 비타500의 수량, 매출액 감소는 광동제약의 주가에 부정적인 영향을 미친다는 것입니다.

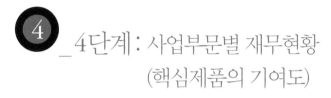

4 _ 4단계 : 사업부문별 재무현황 (핵심제품의 기여도)

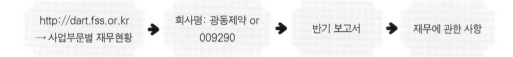

사업부문별 재무현황의 경우 광동제약처럼 연도별로 공시하는 기업이 있는가 하면 분기별로 업데이트 하는 기업도 있습니다

그림 8을 볼 때 주의하실 부분은 제33기라는 부분입니다. 즉, 2006년이 아닌 2005년 연간 매출액을 나타낸 것입니다. 하지만 대략의 범위를 추정할 수는 있습니다. '매출에 관한 사항' 표에서 유통영업에 속하는 부분은 경옥골드와 비타500 두 가지뿐이며 경옥골드는 극히 미미하므로

그림 8

(1) 사업부문별 재무현황

(단위 : 백만 원)

구 분	제 33 기	제 32 기	제 31 기
약국영업(OTC사업부)			
1. 매출액			
외부매출액	42,538	39,268	46,651
부문간내부매출액			
계	42,538	39,268	46,651
2. 영업손익	5,968	4,718	3,456
3. 자산	10,429	10,125	14,940
(감가상각비 등)	(2,113)	(1,213)	(785)
유통영업(유통사업부)			
1. 매출액			
외부매출액	134,906	96,938	46,004
부문간내부매출액			
계	134,906	96,938	46,004
2. 영업손익	11,414	7,743	3,917
3. 자산	29,775	24,975	7,470
(감가상각비 등)	(4,734)	(2,994)	(393)
병원영업(병원사업부)			
1. 매출액			
외부매출액	25,721	21,012	16,526
부문간내부매출액			
계	25,721	21,012	16,526
2. 영업손익	8,113	7,787	2,085
3. 자산	5,189	5,400	3,200
(감가상각비 등)	(1,133)	(645)	(176)
기타(건강식품외)			
1. 매출액	12,839	30,070	24,996
2. 영업손익	2,008	2,819	2,089
3. 자산	5,518	7,715	9,851

무시해도 된다는 것입니다.

그림 8을 보면 2005년, 즉 33기 매출총액이 1,349억 원이었으며 영업손익이 플러스이므로 영업이익이 114억 1,000만 원 정도 발생했다는 의미입니다. 그럼 영업이익률은 어느 정도일까요? 영업이익률＝(영업이익/매출액)×100이므로 영업이익률＝(114억 1,000만 원/1,349억 원)×100＝8.45%, 즉 2005년 연간기준으로 비타500은 매출액대비 8.45% 정도의 영업이익률을 올렸다는 의미입니다. 쉽게 말해 1,000원 어치를 팔았다면 84.5원의 영업이익을 남겼다는 의미이지요. 그럼 2006년 3/4분기 현재 비타500의 영업이익률은 얼마나 될까요? 그리고 영업이익은?

HTS ➡ 상장기업 분석 ➡ 재무제표 ➡ 손익계산서(누적)

그림 9

손익계산서 (누적)

[단위 : 억 원]

항　　　　목	2002. 12. 31	2003. 12. 31	2004. 12. 31	2005. 12. 31	2006. 9. 30
매출액	1,049.1	1,341.7	1,872.8	2,160.0	1,595.0
매출원가	587.9	787.4	1,089.4	1,223.9	870.5
매출총이익	461.2	554.3	783.4	936.1	724.5
판매비와 관리비	383.4	439.8	552.8	661.0	524.3
영업이익	77.7	114.4	230.6	275.0	200.1
영업외수익	13.7	19.9	27.7	39.3	51.9
영업외비용	54.3	38.0	40.8	45.6	48.4
경상이익	37.1	96.4	217.5	268.8	203.6
특별이익	-	-	-	-	-
특별손실	-	-	-	-	-
법인세차감 전 순이익	37.1	96.4	217.5	268.8	203.6
법인세 등	2.7	43.0	49.7	61.6	60.4
당기순이익	34.4	53.3	167.8	207.2	143.2

기업분석 실전 사례

2006년 9월 30일 손익계산서에서 [200억 원(영업이익)/1,595억 원(매출액)]×100＝12.5%라는 영업이익률이 산출됩니다. 이 영업이익률을 조금 전에 알아본 비타500의 매출액에 곱해주면 대략적인 비타500의 영업이익을 알 수 있습니다. 870억 원(비타500 3/4분기 누적 매출액)×0.125(영업이익률)＝108억 원 가량이 나옵니다. 하지만 여기에는 병원 및 약국부분 의약품 매출의 높은 영업이익률이 포함된 것이므로 할인한다면 70억 원 가량의 영업이익을 추정할 수 있습니다.

손익계산서(누적)

(단위: 억 원)

항목	2006. 9. 30	비타500	비타500 비중
매출액	1,595	870(그림 6)	54.5%
영업이익	200.1	70	34.9%
당기순이익	143.2	50	34.9%

위 표는 2006년 3/4분기 광동제약 전체 매출액, 영업이익, 당기순이익과 비타500의 매출액, 영업이익, 당기순이익 비교를 통해 비타500이 차지하는 비중을 표로 만든 것입니다. 그런데 비타500의 경상이익은 왜 구하지 않았으며 또 비타500의 당기순이익은 어떻게 구하는 것일까요? 경상이익을 구하지 않은 이유는 영업이익＋영업외수익-영업외비용＝경상이익이기 때문입니다. 그리고 당기순이익을 구하는 방식은 2006년 9월 30일 손익계산서에서 (143억 2,000만 원/200억 1,000만 원)×

100＝71.5%의 수치가 구해집니다. (영업외수익, 비용이 큰 차이가 없으므로) 71.5%라는 의미는 영업이익의 71.5%가 대략적인 당기순이익이라는 의미입니다. 그래서 이 수치를 비타500란의 70억 원×0.715＝약 50억 원이 된 것입니다.

살펴본 바와 같이 비타500은 광동제약 전체 매출의 54.5% 영업이익과 당기순이익의 34.9%를 차지하고 있는 핵심적인 제품이라 하겠습니다.

5_ 5단계 : 주식관련 사항

1) 주식분포

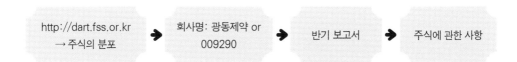

그림 10을 보면 최대주주는 최수부이며 나머지는 친인척과 임원으로 이루어져 있습니다. 기초라는 항목이 있고 분기말이라는 항목이 있습니다. 분기말이라는 것은 2006년 9월 30일이라는 것을 알겠는데 기초란 언제를 가리킬까요? 3월 31일? 12월 31일? 쉽게 그냥 1월 1일이라고 생각하면 되겠습니다. 아, 3월 31일이 아니라 2006년 1월 1일이구나 하고요.

특이사항으로는 최대주주의 직계가족인 최성원 씨와 계열회사인 광동생활건강이 각각 34만 주와 14만 주를 장내매수 했다고 나와 있습니다.

장내매수는 주식시장에서 매수했다는 뜻입니다. 왜 매수했을까요? 제일 하단의 지분율을 보면 16.60%라는 수치를 확인할 수 있을 것입니다. 이 말은 발행주식 수가 100주라면 16.60주만을 가지고 있다는 것이며, 나

그림 10

1. 주주의 분포

가. 최대주주 및 그 특수관계인의 주식소유 현황

[2006년 9월 30일   현재]   (단위 : 주, %)

성 명	관 계	주식의 종류	기 초 주식 수	기 초 지분율	증 가 주식 수	감 소 주식 수	분 기 말 주식 수	분 기 말 지분율	변동 원인
최수부	본인	보통주	4,772,574	9.10			4,772,574	9.10	
박일희	처	보통주	675,937	1.29			675,937	1.29	
최성원	자	보통주	1,820,072	3.47	340,000		2,160,072	4.12	장내매수
최진선	자	보통주	36,607	0.07			36,607	0.07	
최지선	자	보통주	35,430	0.07			35,430	0.07	
허정수	사위	보통주	202,974	0.39			202,974	0.39	
이강남	사위	보통주	198,283	0.38			198,283	0.38	
광동생활건강	기타	보통주	360,000	0.69	140,000		500,000	0.95	장내매수
김현식	임원	보통주	10,000	0.02	12,170		22,170	0.04	스톡옵션
모과균	임원	보통주	10,000	0.02	12,170		22,170	0.04	스톡옵션
이인재	임원	보통주	11,000	0.02	11,539		22,539	0.04	스톡옵션
박철수	임원	보통주	5,000	0.01	11,539		16,539	0.03	스톡옵션
지영수	임원	보통주	0	0.00	11,539		11,539	0.02	스톡옵션
전재갑	임원	보통주	0	0.00	11,539		11,539	0.02	스톡옵션
조희재	임원	보통주	0	0.00	11,539		11,539	0.02	스톡옵션
계		보통주	8,137,877	15.52	562,035	0	8,699,912	16.60	
계		우선주	0	0.00	0	0	0	0.00	
계		합계	8,137,877	15.52	562,035	0	8,699,912	16.60	

최대주주명 : 최수부   특수관계인의 수 :   14명

머지 83.40주는 다른 사람이 갖고 있다는 것입니다. 경영권 위협이라는 말 많이 들어보셨지요? 광동제약의 경우 친인척, 계열사까지 동원해도 반기말 현재 16.60%의 지분율에 불과한 것입니다. 이런 이유로 잠재적인 경영권 위협에서 조금이라도 벗어나고자 최대주주의 직계가족과 계열사가 돈을 들여가면서 주식을 매수한 것입니다.

2) 주주 분포

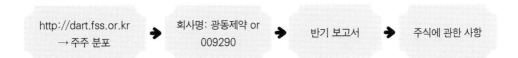

그림 11

다. 주주 분포

2005년 12월 31일 현재

구 분	주주 수	비 율	주식 수	비 율	비 고
소액주주 합계	25,788	99.94	37,957,842	72.41	
소액주주(법인)	60	0.23	771,039	1.47	
소액주주(개인)	25,728	99.71	37,186,803	70.94	
최 대 주 주	12	0.05	8,137,877	15.52	
주 요 주 주	4	0.02	6,325,132	12.07	
기타 주주 합계					
기타 주주(법인)					
기타 주주(개인)					
합 계	25,804	100.00	52,420,851	100.00	

위 표는 광동제약이라는 기업의 전체 주식에서 어떤 유형의 투자자가 얼마나 보유하고 있는가를 보여줍니다. 작성일은 2005년 12월 31일입니다. 소액주주(개인), 즉 일반투자자가 5,242만 주 중 70.94%를 차지하는 3,700만 주의 주식을 보유하고 있으며, 외국인, 펀드, 종금사, 저축은행, 일반 타기업, 자산운용사 60여 곳 등 소액주주(법인)가 지분율 1.47%에 해당하는 77만여 주를 보유하고 있음을 나타내고 있습니다. 최대주주는 지분율과 차이가 있음을 알 수 있습니다. 작성일 차이가 있기 때문입니다. 주요주주는 소액주주(법인)와는 달리 일정 규모 이상의 지분을 보유하고 있는 법인을 말합니다. 이는 소액주주가 추후 지분율을 늘리면 주요주주에 기재될 수도 있음을 뜻합니다.

3) 시가총액 및 유동주식

그림 12

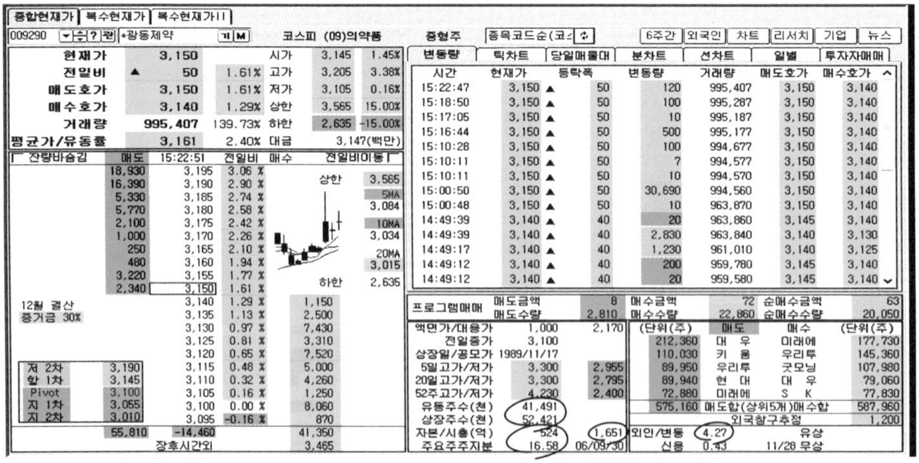

시가총액=주식수×현재가입니다. 굳이 계산할 필요는 없습니다.
그림 하단을 보면 이렇습니다.

유동주수(천)	41,491		
상장주수(천)	52,421		
자본/시총	524	1,651	
주요주주지분	16.58		외인/변동 4.27

광동제약 총 상장된 주식(상장주수) 5,242만 주 중 주식시장에서 외국인 지분과 최대주주 지분을 뺀 4,149만 주는 주식시장에서 거래가능하다는 의미로 기록한 것이며, 광동제약의 자본금은 524억 원이고 현재 시가총액은 1,651억 원이라는 의미입니다. 참고로 1,651억 원이라는 시가총액은 현재가 변함에 따라 같이 변하므로 현재가 화면을 통해 항상 실질을 파악할 수 있습니다. 외국인은 4.27%의 지분을 가지고 있습니다. 몇 주나 되는지 계산해볼까요? 52,421,000×0.0427=약 223만 주 정도입니다. 현재가 기준으로 약 70억 원이지요.

4) 자기주식 취득 및 처분

앞부분 생략 → 다. 자기주식의 취득 및 처분 ➡ 반기 보고서 ➡ 1. 회사의 개황 ➡ 4. 주식의 총수 등

주식투자를 하면서 자사주취득, 자사주처분, 자사주소각, 자사주신탁
계약체결·해지라는 말은 들어보셨지요? 광동제약에 이 같은 일이 있었
다면 이 곳에 기록해야 합니다.

그림 13

다. 자기주식의 취득 및 처분

(1) 자기주식 취득·처분 현황

취득방법	주식의 종류	기초	취득(+)	처분(−)	소각(−)	기말	비고
법 제189조의2제1항에 의한 직접취득	보통주 (주)	2,010,500	1,000,000	171,135	−	2,839,365	
	우선주 (주)	−	−	−	−	−	
법 제189조의2제1항 이외의 사유에 의한 직접취득	보통주 (주)	−	−	−	−	−	
	우선주 (주)	−	−	−	−	−	
소 계	보통주 (주)	2,010,500	1,000,000	171,135	−	2,839,365	
	우선주 (주)	−	−	−	−	−	
신탁계약 등을 통한 간접취득	보통주 (주)	−	−	−	−	−	
	우선주 (주)	−	−	−	−	−	
총 계	보통주 (주)	2,010,500	1,000,000	171,135	−	2,839,365	
	우선주 (주)	−	−	−	−	−	

자사주를 보니 2005년 12월 31일까지 200여만 주를 보유하고 있었
고, 2006년 들어 100만 주를 주식시장에서 추가로 매수하였으며, 17여
만 주를 처분하여 총 283만 주를 보유하고 있습니다. 그럼 광동제약이
실질적으로 보유하고 있는 주식 수는 869만 주(최대주주+특수관계
인)+283만 주=1,152만 주(21.9%)가 실질적인 지분율이 될 것입니다.

5) 전환사채, 신주인수권부사채, 스톡옵션

(1) 전환사채(CB)

보고서 ➡ 1. 회사의 개황 ➡ 3. 자본금 변동상황 ➡ 다. 전환사채

그림 14

다. 전환사채

(2006. 9.30 현재)　　　　　　　　　　　　　　　　　　　　(단위 : 원, 주)

구 분		제XX회 XX 전환사채	...	...	합 계
발 행 일 자					
만 기 일					
권 면 총 액					
사채배정방법					
전환청구가능기간					
전환조건	전환비율(%)				
	전환가액				
전환대상 주식의 종류					
기전환사채	권면총액				
	기전환 주식 수				
미전환사채	권면총액				–
	전환가능 주식 수				–
비 고					

● 2006년 9월 30일 현재 전환사채는 없습니다.

(2) 신주인수권부사채(BW)

보고서 ➤ 1. 회사의 개황 ➤ 3. 자본금 변동상황 ➤ 라. 신주인수권부사채

그림 15

라. 신주인수권부사채

(2006. 9.30 현재)　　　　　　　　　　　　　　　　　　　　(단위 : 원, 주)

구 분		제XX회 XX 신주인수권부사채	…	…	합 계
발 행 일 자					
만 기 일					
권 면 총 액					
사채배정방법					
신주인수권 행사가능기간					
행사조건	행사비율(액면대비)				
	행사가액				
행사대상 주식의 종류					
기행사신주 인수권부사채	권면총액				
	기행사 주식 수				
미행사신주 인수권부사채	권면총액				–
	행사가능 주식 수				–
비 고					

● 신주인수권부사채 또한 2006년 9월 30일 현재 없습니다.

(3) 스톡옵션(주식매수선택권)

보고서 → Ⅴ. 지배구조 및 관계회사 등의 현황 → 라. 임원의 보수 → (2) 주식매수선택권 부여행사 현황

그림 16

(2) 주식매수선택권 부여 · 행사현황

[　2006년　9월　30일　　현재]　　　　　　　　　　　　　　　　　　(단위 : 원, 주)

부여받은자	관계	부여일	부여방법	주식의 종류	변동수량			미행사 수량	행사기간	행사 가격	종가
					부여	행사	취소				
전승기 외19명	직원	2000년 3월 17일	자기주식교부	보통주	277,500	97,500	180,000	0	2003.3.17~2010.3.16	1,580	(3,010)
이천수	등기임원	2002년 3월 15일		보통주	50,000	0	50,000	0	2004.3.16~2012.3.15	1,480	"
이기봉 강인기 김현식 이상봉 박규점 모과균	미등기임원	2002년 3월 15일	자기주식교부 주식차액보상	보통주	50,000 50,000 50,000 50,000 50,000 500,000	0 50,000 35,000 0 0 35,000	50,000 0 0 50,000 50,000 0	0 0 15,000 0 0 465,000	2004.3.16~2012.3.15	1,480	"
강석채 외23명	직원	2002년 3월 15일	현금차액보상 자기주식교부	보통주	181,000	4,000 92,000	85,000	0	2004.3.16~2012.3.15	1,480	"
김현식	등기임원	2004년 3월 12일		보통주	50,000	0	0	50,000	2006.3.13~2014.3.12	1,220	"
모과균 지영수 강인기 전재갑 조희재 이인재 박철수	미등기임원	2004년 3월 12일	주식차액보상	보통주	50,000 50,000 50,000 50,000 50,000 50,000 50,000	0 20,000 0 20,000 20,000 20,000 20,000	0 0 50,000 0 0 0 0	50,000 30,000 0 30,000 30,000 30,000 30,000	2006.3.13~2014.3.12	1,220	"
이용광 엄정근	미등기임원	2006년 3월 10일		보통주	50,000 50,000	0 0	50,000 50,000	0 0	2008.3.10~ 2016.3.9	3,520	"
장일상 이정백 이보형	미등기임원	2006년 9월 8일		보통주	50,000 50,000 50,000	0 0 0	0 0 0	50,000 50,000 50,000	2008.9.8~ 2016.9.7	2,910	"
합계	-	-	-	-	1,908,500	413,500	615,000	880,000	-	-	-

광동제약은 2006년 9월 30일 현재 88만 주의 스톡옵션이 있는 것으로 나와 있습니다.

주식투자자가 살펴보아야 할 부분은 부여방법, 수량, 행사기간, 행사가격입니다. 이해가 되지 않을 듯한 부분만 살펴보지요. 부여방법란에 보면 자기주식교부라고 되어 있습니다. 이 말의 의미는 자사주 매입한 주식을 스톡옵션 보유자가 "주식으로 주세요!" 할 때 자사주 매입한 수량에서 교부해준다는 의미입니다. 이런 방식은 주식투자자 입장에서 속된 말로 '밑질 것이 없는' 경우입니다. 반대로 부여방법란에 아무런 표시도 없다면 이것은 신주를 발행해준다는 의미입니다. 얼마에? 행사가격에! 자세히 보면 종가가 3,010원입니다. 그런데 1,220원에 행사한다면 행사자는 146% 수익률을 올리는 것입니다. 5만 주라면 약 8,900만 원 수익이지요. 이런 맥락에서 가격경쟁력에서 비교할 바가 안 되는 일반투자자 입장에서는 신경을 써야 합니다. 그리고 기업을 분석할 때 물량이 많은 전환사채, 신주인수권부사채, 스톡옵션이 있는 기업은 피해야 한다는 뜻도 될 것입니다.

그럼 만약에 지금 글을 읽는 분이 광동제약에 2006년 11월부터 2007년 4월까지 6개월 동안 투자해야겠다고 마음을 먹었다면 스톡옵션을 기업분석에 어떻게 활용해야 할까요?

■■■■■ 스톡옵션

(단위: 원)

부여일	관계			행사기간	행사가격
2004년 3월 12일	임원 김현식	보통주	50,000	2006. 3. 13.~2014. 3. 12.	1,220
총계			50,000		

2006년 11월부터 2007년 4월까지 6개월 투자할 때 실질적으로 증가할 가능성이 있는 수량은 5만 주입니다. 나머지는 이미 행사완료 또는 취소되었거나 자기주식교부 형태이므로 주식증가 사유에 해당되지 않습니다. 그럼 이 5만 주는 어떻게 해야 할까요? 주당순이익, 주당순자산을 구할 때 반영해주는 것이 주식투자의 원칙이라고 판단합니다.

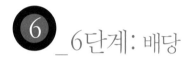

_6단계: 배당

그림 17

주가와 주식수

[단위 : 원,주]

구분	2003.12	2004.12	2005.12	2006. 9
액면가	1,000	1,000	1,000	1,000
최고주가	1,435	2,035	4,700	4,090
최저주가	760	1,095	1,725	2,705
보통주발행주수	52,420,851	52,420,851	52,420,851	52,420,851
우선주발행주수	-	-	-	-
시가총액(억원)	597	896	2,047	1,465
배당률(%)	기2.0	기3.0	기5.0	-

앞 표의 배당률(%) 부분은 액면가대비 배당액을 의미합니다. 즉, 2003년 액면가 1,000원의 2%인 20원, 2004년 30원, 2005년 50원이 되는 것입니다. 이 배당금의 실질적인 가치를 알기 위해서는 현재가와 비교한 배당률, 즉 시가배당률이 의미가 있습니다. 광동제약의 현주가가 3,150원이므로 2005년 1.58%의 시가배당률이 되는 것이며, 3/4분기 실적추이를 감안할 때도 배당금이 증가할 가능성은 매우 낮습니다.

배당주로서의 메리트가 있을까요? NO! 그런데 의외로 많은 투자자들이 만약 2005년에 시가배당을 6% 한 기업이 있다면 올해도 6% 이상을 할 것이라고 생각하는데 이는 분명히 잘못된 생각입니다. 올해 기업의 이익이 전년도 이익 이상이 되어야 한다는 전제조건이 충족되어야 가능하기 때문입니다. 이런 관계로 배당부분도 현재까지의 실적과 향후 실적을 토대로 추정해야 하며, 은행금리를 기준으로 판단하면 되겠습니다.

정리하면 광동제약은 배당주로서의 가치는 없으며 실적향상에 따른 주가상승에 주안점을 두고 분석해야 하는 기업입니다.

7 _7단계: 주당순이익, 주당순자산

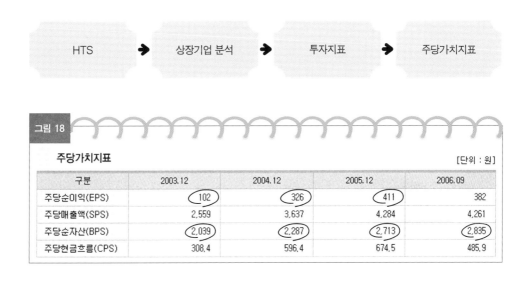

HTS ➡ 상장기업 분석 ➡ 투자지표 ➡ 주당가치지표

그림 18

주당가치지표
[단위 : 원]

구분	2003.12	2004.12	2005.12	2006.09
주당순이익(EPS)	102	326	411	382
주당매출액(SPS)	2,559	3,637	4,284	4,261
주당순자산(BPS)	2,039	2,287	2,713	2,835
주당현금흐름(CPS)	308.4	596.4	674.5	485.9

최근 3년간의 주당순이익과 주당순자산이 나와 있습니다.

주당순이익(EPS)은 권투선수에 비유하면 실력입니다. 얼마나 완성도 있는 실력을 통해 실적을 낼 수 있는가 라는 것입니다. 주당순이익이 102 원 → 326원 → 411원으로 증가했다는 의미는 당기순이익도 증가했다는 것을 의미합니다. 주당순이익×주식 수=당기순이익이 되니까요. 2006년 3/4분기 현재는 273원(2006 3/4분기 누계실적 143.2억 2,000만 원을 주식 수 5,242만 주로 나눈 결과) 그럼 광동제약의 주가가 3,150원이면 2005년 주 당순이익 대비해서 PER는 어떻게 될까요? 3,150원/411원=약 7.66배, 2005년 벌어들인 당기순이익의 7.66배의 주가를 형성하고 있다는 의미랍니다. 그러면 낮은 건가요, 높은 건가요? 수치상으로는 낮은 수치입니다. 현재

기업분석 실전 사례편

거래소 기준으로 평균 PER가 9~10배 정도 되니까요. 하지만 여러 가지 요인에 의해 유동적인 관계로 이것만을 두고 싸다고 말할 수는 없습니다.

주당순자산(BPS)은 권투선수로 말하면 체급입니다. 헤비급, 중량급, 경량급처럼. 위 표에서 보면 광동제약의 체급은 2,039원 → 2,287원 → 2,713원 → 2,835원으로 증가했습니다. 현재 주가 3,150원 : 2,835원을 비교하면 거의 1 : 0.9 정도를 이루고 있습니다. 주당순자산만 봐서는 무난하다는 생각입니다.

8 _8단계: 손익계산서

손익계산서 부분은 특히, 전년동기와의 상호비교를 통한 증감율의 파악이 필요하고 HTS의 연간, 분기별 손익계산서를 곧바로 적용하기에는 무리가 있는 관계로 엑셀을 이용해서 관리하는 것이 편하고 유용하다는 판단입니다.

1) 연간 손익계산서

연간 손익계산서를 작성하기까지 과정은 이렇습니다.

HTS ▶ 상장기업 분석 ▶ 재무제표 ▶ 연간 손익계산서 ▶ 엑셀에 수치 입력

그림 19

손익계산서 (누적)

[단위 : 억 원]

항　　목	2002.12.31	2003.12.31	2004.12.31	2005.12.31	2006. 9.30
매출액	1,049.1	1,341.7	1,872.8	2,160.0	1,595.0
매출원가	587.9	787.4	1,089.4	1,223.9	870.5
매출총이익	461.2	554.3	783.4	936.1	724.5
판매비와 관리비	383.4	439.8	552.8	661.0	524.3
영업이익	77.7	114.4	230.6	275.0	200.1
영업외수익	13.7	19.9	27.7	39.3	51.9
영업외비용	54.3	38.0	40.8	45.6	48.4
경상이익	37.1	96.4	217.5	268.8	203.6
특별이익	-	-	-	-	-
특별손실	-	-	-	-	-
법인세차감 전 순이익	37.1	96.4	217.5	268.8	203.6
법인세 등	2.7	43.0	49.7	61.6	60.4
당기순이익	34.4	53.3	167.8	207.2	143.2

그림 20

연 도 별 손 익 계 산 서

	2003년		2004년		증가율	2005년			2006년3/4		
매출액	1,341.7	100.0	1,872.8	100.0	139.6%	2,160.0	100.0	115.3%	1,595.0	100.0	73.8%
매출원가	787.4	58.7%	1,089.4	58.2%	138.4%	1,223.9	56.7%	112.3%	870.5	54.6%	71.1%
매출총이익	554.3	41.3%	783.4	41.8%	141.3%	936.1	43.3%	119.5%	724.5	45.4%	77.4%
판관비	439.8	32.8%	552.8	29.5%	125.7%	661.0	30.6%	119.6%	524.3	32.9%	79.3%
영업이익	114.4	8.5%	230.6	12.3%	201.6%	275.0	12.7%	119.3%	200.1	12.5%	72.8%
영업외수익	9.9	0.7%	27.7	1.5%	279.8%	39.3	1.8%	141.9%	51.9	3.3%	132.1%
영업외비용	38.0	2.8%	40.8	2.2%	107.4%	45.6	2.1%	111.8%	48.4	3.0%	106.1%
경상이익	96.4	7.2%	217.5	11.6%	225.6%	268.8	12.4%	123.6%	203.6	12.8%	75.7%
당기순이익	53.3	4.0%	167.8	9.0%	314.8%	207.2	9.6%	123.5%	143.2	9.0%	69.1%

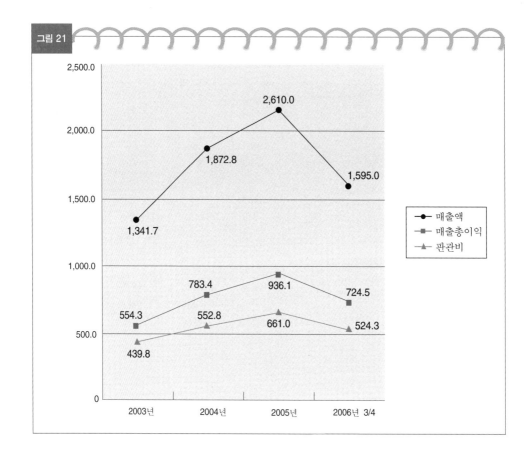

그림 21

엑셀을 이용하여 손익계산서를 관리하다 보면 연도별, 분기별의 증감 내역을 일목요연하게 파악할 수 있는 장점이 있을 뿐만 아니라 차트화를 시킴으로써 시각적인 면에서도 매우 체감적으로 파악할 수 있다는 장점 이 있습니다.

참고로 연도별 손익계산서 표에서는 매출액을 100으로 했을 때 각 항 목이 차지하는 비중을 각각 표시했습니다. 그리고 별색 부분(증가율)은

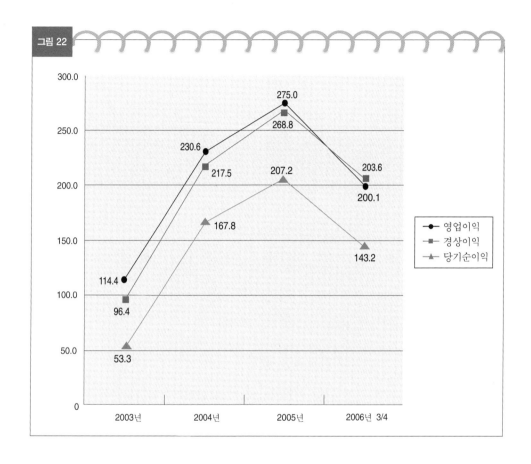

그림 22

전년도 대비 각 항목의 증감내역을 나타낸 것입니다. 어떻습니까? 한눈
에 알아보기 쉽게 정리되었죠?

2) 분기 손익계산서

분기별 손익계산서의 경우 지금이 2006년 3/4분기인데 HTS에는 2005년 3/4분기부터의 수치만 나와 있는 관계로 그림 24의 2005년 1/4분기, 2/4분기 수치를 구하려면 전자공시시스템(DART)의 광동제약 2005년 1/4분기, 2/4분기 보고서를 찾아 입력해야 합니다.

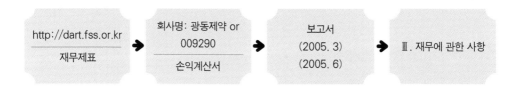

그림 23

손익계산서 (3개월)

[단위 : 억 원]

항 목	2005. 9.30	2005. 12.31	2006. 3.31	2006. 6.30	2006. 9.30
매출액	576.5	540.1	464.9	577.5	550.5
매출원가	324.4	307.0	273.3	301.4	296.5
매출총이익	252.1	233.1	191.6	276.1	253.9
판매비와 관리비	168.5	171.4	140.5	199.7	183.9
영업이익	83.5	61.6	51.1	76.3	70.0
영업외수익	11.4	11.9	11.8	33.1	7.6
영업외비용	7.4	20.1	8.3	29.9	8.1
경상이익	87.5	53.4	54.5	79.5	69.5
특별이익	–	–	–	–	–
특별손실	–	–	–	–	–
법인세차감 전 순이익	87.5	53.4	54.5	79.5	69.5
법인세 등	25.6	1.9	15.9	28.1	16.3
당기순이익	61.8	51.4	38.5	51.4	53.1

그림 24

분기별 손익계산서

	2005년 1/4		2005년 2/4		전기	2005년 3/4		전기	2005년 4/4		2006년 1/4		전년동기	2006년 2/4		전년동기	2006년 3/4		전년동기
매출액	443.4	100%	599.9	100%	135%	576.5	100%	96%	540.1	100%	464.9	100%	105%	577.5	100%	96%	550.5	100%	95%
매출원가	255.9	58%	336.4	56%	131%	324.4	56%	96%	307.0	57%	273.3	59%	107%	301.4	52%	90%	296.5	51%	91%
매출총이익	187.4	42%	263.4	44%	141%	252.1	44%	96%	233.1	43%	191.6	41%	102%	276.1	48%	105%	253.9	44%	101%
판관비	135.3	31%	185.7	31%	137%	168.5	29%	91%	171.4	32%	140.5	30%	104%	199.7	35%	108%	183.9	32%	108%
영업이익	52.0	12%	77.7	13%	149%	83.5	14%	107%	61.6	11%	51.1	11%	98%	76.3	13%	98%	70.0	12%	84%
영업외수익	5.0	1%	10.9	2%	218%	11.4	2%	105%	11.9	2%	11.8	3%	236%	33.1	6%	304%	7.6	1%	67%
영업외비용	10.2	2%	7.7	1%	75%	7.4	1%	96%	20.1	4%	8.3	2%	81%	29.9	5%	388%	8.1	1%	109%
경상이익	46.8	11%	80.9	13%	173%	87.5	15%	108%	53.4	10%	54.5	12%	116%	79.5	14%	98%	69.5	12%	79%
당기순이익	36.2	8%	57.6	10%	159%	61.8	11%	107%	51.4	10%	38.5	8%	106%	51.4	9%	89%	53.1	9%	86%

3) 연도별 손익계산서 ↔ 분기별 손익계산서 교차비교

연도별 항목은 도표와 그래프를 통해 체감적으로 파악하는 것이 가장 중요합니다. 즉, 숲을 먼저 보셔야 한다는 의미입니다. 광동제약은 2003년부터 2005년까지 비약적인 성장을 했으며 이에 따라 손익계산서상의 각 항목 또한 비례적으로 성장했음을 확인할 수 있습니다.

그럼 가장 중요한 2006년 현재는 어떠한지도 살펴봐야겠지요? 2006년 3/4분기까지 매출액은 2005년 매출액의 73.8% 정도(p.175 참조)임을 확인할 수 있습니다. 그렇다면 2006년 한 해 매출액은 어느 정도나 될지 예측해볼까요? 2006년 3/4분기까지 매출액 1,595억 원＋2005년 4/4분기 매출 510억 원＝2,105억 원 정도의 매출액이 나옵니다. 2005년 2,160억 원과 비교하면 55억 원 가량 감소한 수준입니다. 4/4분기 예상 매출액을 왜 2005년보다 적게 대입할까요? 살펴본 바와 같이 광동제약은 성장세가 아닌 하락추세(5% 내외)이기 때문입니다. 앞서 살펴보았듯이 2/4분기 -10%, 3/4분기 -20%의 역신장을 하고 있는 광동제약의 주력제품인 비타500의 판매부진이 주된 원인입니다. 더불어 분기 손익계산서 또한 이와 유사한 흐름을 보이고 있음을 알 수 있습니다(전년동기 대비).

이러한 판단은 B2B 기업보다는 광동제약과 같은 B2C 기업에 적용해야 타당성 있는 도출이 가능하다는 말씀을 드리며, 손익계산서를 볼 때 눈여겨보아야 할 부분은 가장 최근의 실적 vs 전년동기와의 비교, 톱다운(top-down) 방식이라는 점입니다. 전 분기가 더 중요하지 않습니까?

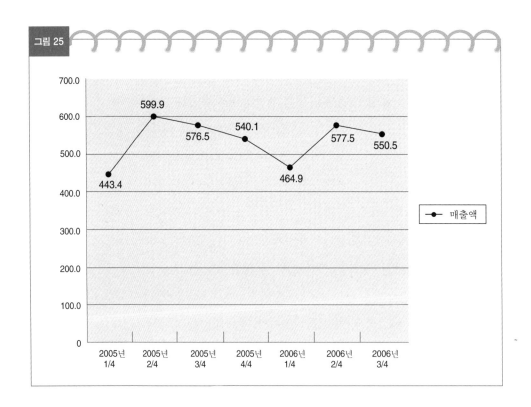

그림 25

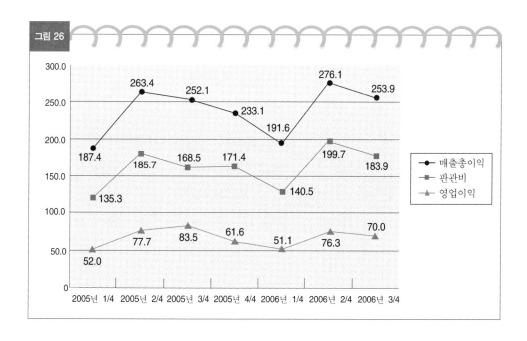

그림 26

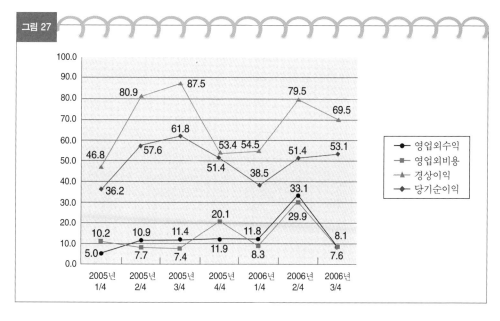

그림 27

어떤 기업이 1/4분기 50억 원, 2/4분기 50억 원, 3/4분기 50억 원, 4/4분기 50억 원 이런 식으로 이익을 내는 기업은 없습니다. 따라서 가장 유사한 조건을 갖춘 전년동기와 비교하는 것이 가장 현실성 있는 분석방법이라는 것입니다.

의외로 많은 분들이 작은 항목으로부터 시작하여 큰 항목으로 분석을 하는데 이런 방법은 분명히 잘못되었다고 하겠습니다. 즉 매출액, 매출원가, 판관비, 영업이익 이런 식으로 큰 항목에 대해서 전년동기와 비교하는 가운데 큰 차이가 발생할 때 세부항목에 대한 분석을 하는 것이 시간과 노력을 줄일 수 있는 올바른 기업분석 방법입니다.

4) 요약

광동제약은 2004년의 폭발적인 성장 → 2005년의 안정적 성장단계 → 2006년 현재 하락추세에 있는 것으로 판단할 수 있습니다. 주된 요인은 비타500이라는 주력제품의 시장볼륨의 확장 한계라고 생각됩니다. 그럼 주가적인 측면에서도 이제는 과거와 같은 큰 폭 상승은 불가능하며 비타500이 2005년의 매출규모를 회복한다면 점진적인 상승을 할 것이라 판단되지만, 현재의 하락추세를 이어간다면 상당 폭의 주가하락을 가져올 가능성이 큽니다. 결국 광동제약에 대한 중기관점의 투자는 수익보다는 리스크가 크다고 할 수 있습니다.

9 _9단계: 대차대조표

먼저 기본적으로 숙지하셔야 할 사항은 대차대조표보다는 손익계산서가 주가에 절대적인 영향을 미친다는 사실입니다. 이유는 손익계산서의 당기순이익이 이익잉여금이라는 이익저장창고에 저장되면서 대차대조표의 재무상태가 호전되기 때문입니다. 즉 현재의 우량한 재무상태가 영업외수익 창출을 통해 손익계산서에 부수적인 도움은 줄 수 있지만, 본질은 손익계산서의 매출액에서 출발한다는 것이며 시장 참여자들은 기업의 이익창출에 민감하게 반응하며 주가 또한 민감하게 반응한다는 사실을 항상 염두에 두고 기업분석을 해야 합니다.

손익계산서와 마찬가지로 대차대조표도 엑셀을 이용하여 관리하는 것이 체계적입니다. 단, 손익계산서는 일정 기간의 영업성과인 반면, 대차대조표는 광동제약의 설립→현재에 이르는 축적된 일정 시점의 재무상태를 나타내므로 분기별 개념은 약합니다.

그림 28은 광동제약의 2002년부터 2006년 3/4분기 현재까지의 대차대조표입니다. 여기에서 어떤 항목을 중점적으로 분석해야 할까요? 그리고 어떻게 해석해야 할까요? 손익계산서를 살펴볼 때 큰 항목을 살펴보

았듯이 대차대조표를 볼 때도 금액이 큰 항목이면서 손익계산서에 영향을 끼치는 항목 위주로 살펴보면 될 것입니다.

순서대로 설명하면 전체적인 맥락에서 먼저 1.자산 2.부채 3.자본 4.유동자산 5.고정자산 6.유동부채 7.고정부채, 자산부분에서는 1.현금및현금등가물 2.매출채권 3.당좌자산 4.재고자산 5.투자자산 6.유

그림 28

대차대조표

[단위 : 억 원]

항 목	2002.12.31	2003.12.31	2004.12.31	2005.12.31	2006.9.30
현금및현금등가물	77.1	100.4	128.1	284.9	273.9
유가증권	11.1	22.4	28.5	32.5	-
매출채권	555.5	468.5	460.6	483.4	502.3
당좌자산(계)	782.7	797.0	741.3	936.9	1,026.1
재고자산(계)	135.7	162.4	213.4	200.7	196.8
유동자산(계)	918.5	959.5	954.8	1,137.6	1,223.0
투자자산(계)	182.5	197.5	254.0	328.0	308.8
유형자산(계)	362.1	354.0	481.7	508.8	521.3
무형자산(계)	0.8	0.6	0.4	0.2	0.1
고정자산(계)	545.4	552.1	736.1	837.1	830.3
자산총계	1,463.9	1,511.6	1,691.0	1,974.7	2,053.3
매입채무	46.6	44.9	47.0	66.2	82.6
단기차입금	137.3	178.6	124.0	82.0	82.0
유동성장기부채	105.1	2.4	42.7	48.7	42.1
유동부채(계)	377.8	359.3	355.9	342.1	360.7
사채(계)	-	-	-	-	-
장기차입금(계)	16.8	24.0	40.8	112.1	112.1
고정부채(계)	69.8	82.4	135.3	209.9	206.0
부채총계	447.6	441.8	491.2	552.1	566.7
자본금	524.2	524.2	524.2	524.2	524.2
자본잉여금	431.3	431.3	431.3	437.1	439.4
이익잉여금	61.5	114.8	259.8	451.9	569.9
자본조정	-0.7	-0.5	-15.6	9.3	-47.0
자본총계	1,016.3	1,069.8	1,199.7	1,422.6	1,486.5

형자산, 부채부분에서는 1.매입채무 2.단기차입금 3.유동성장기부채 4.사채 5.장기차입금, 자본부분에서는 이익의 저장창고인 이익잉여금 정도입니다.

그림 29

대 차 대 조 표

[단위 : 억 원]

	2003년	2004년	전년대비	2005년	전년대비	2006년3/4	전년대비
자산	1,511.6	1691	111.9%	1,974.7	116.8%	2,053.3	104.0%
부채	441.8	491.2	111.2%	552.1	112.4%	566.7	102.6%
자본	1,069.8	1,199.7	112.1%	1,422.6	118.6%	1,486.5	104.5%
유동자산	959.5	954.8	99.5%	1,137.6	119.1%	1223	107.5%
고정자산	552.1	736.1	133.3%	837.1	113.7%	830.3	99.2%
유동부채	359.3	355.9	99.1%	342.1	96.1%	360.7	105.4%
고정부채	82.4	135.3	164.2%	209.9	155.1%	206	98.1%

그림 30

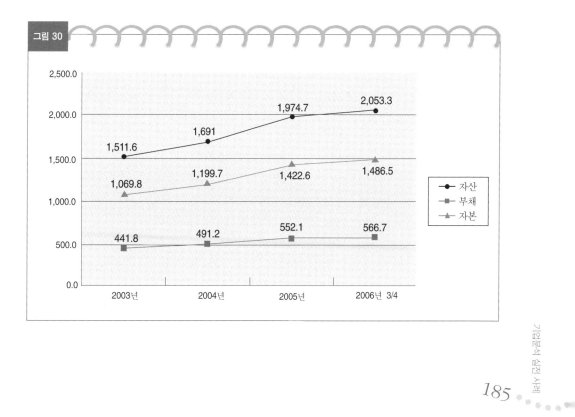

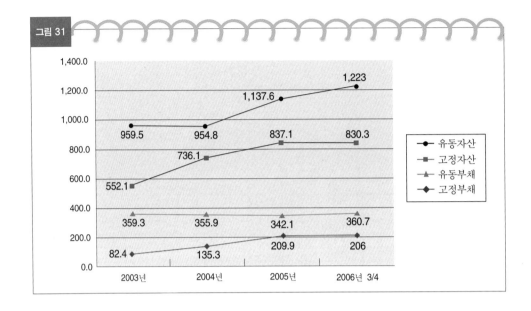

그림 31

그림 30을 보면 자산, 자본 모두 우상향 그래프를 그리고 있으며 부채
는 상대적으로 횡보를 하고 있습니다. 이로써 꾸준한 이익창출을 바탕으
로 자본이 증가하면서 자산이 증가했음을 확인할 수 있습니다.

다음으로 유동, 고정(자산, 부채) 차트(그림 31)를 보면 고정자산이 7억
원 가량 감소했음을 확인할 수 있습니다.

고정자산은 통상 투자자산, 유형자산, 무형자산으로 나눕니다. 투자자
산은 **기업의 영업외적인 투자를 위한 것**이며, 유형자산은 **기업의 영업활
동과 관련된 직접적인 투자**를 의미합니다.

유형자산은 투자자산과는 달리 감가상각비라는 비용이 발생하기 때문
에 유형자산 가액을 감소시킨다는 점을 염두에 두시는 것이 좋습니다.
유동부채와 고정부채는 2005년 이후에는 평이한 수준을 유지하고 있다

그림 32

대 차 대 조 표

	2003년	2004년	전년대비	2005년	전년대비	2006년3/4	전년대비
현금및현금등가물	100.4	128.1	127.6%	284.9	222.4%	273.9	96.1%
매출채권	468.5	460.6	98.3%	483.4	105.0%	502.3	103.9%
당좌자산	797.0	741.3	93.0%	936.9	126.4%	1026.1	109.5%
재고자산	162.4	213.4	131.4%	200.7	94.0%	193.5	96.4%
투자자산	197.5	254	128.6%	328.0	129.1%	308.8	94.1%
유형자산	354.0	481.7	136.1%	508.8	105.6%	521.3	102.5%
매입채무	44.9	47	104.7%	66.2	140.9%	82.6	124.8%
단기차입금	178.6	124	69.4%	82.0	66.1%	82	100.0%
유동성장기부채	2.4	42.7	1779.2%	48.7	114.1%	42.1	86.4%
사채							
장기차입금	24.0	40.8	170.0%	112.1	274.8%	112.1	100.0%
이익잉여금	114.8	259.8	226.3%	451.9	173.9%	569.9	126.1%

고 하겠습니다.

위 표에서 유형자산의 증가속도가 감소했다는 의미는 2003년 이후에 지속된 시설투자가 시장볼륨 확장의 한계로 인해 일단락되었음을 의미 할 것입니다.

그리고 눈에 띄는 부분은 단기차입금의 급격한 감소와 이익잉여금의 증가부분입니다. 2003년 이후 지속된 실적호전을 바탕으로 차입금을 지속적으로 상환하면서 2003년 178억 6,000만 원 → 2006년 3/4분기 82억 원으로 감소하였으며, 반대로 이익의 저장창고인 이익잉여금은 2003년 114억 8,000만 원 → 2006년 3/4분기 무려 569억 9,000만 원으로 가파른 상승곡선(자본증가)을 그리고 있습니다.

이처럼 표와 차트를 같이 보면 손익계산서와 마찬가지로 체감적으로 느낄 수 있기 때문에 많은 도움이 된다는 판단입니다.

대차대조표는 단독으로 보는 것보다는 손익계산서 및 각종 지표들, 그

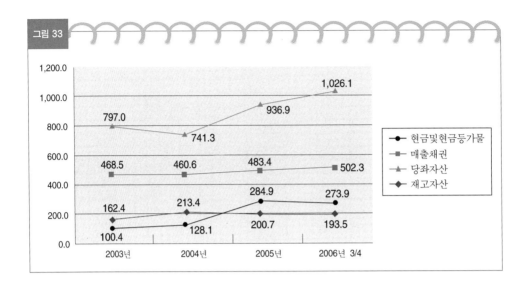

그림 33

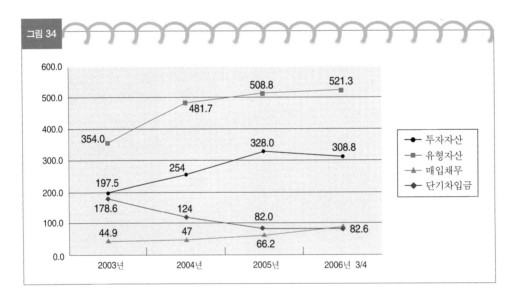

그림 34

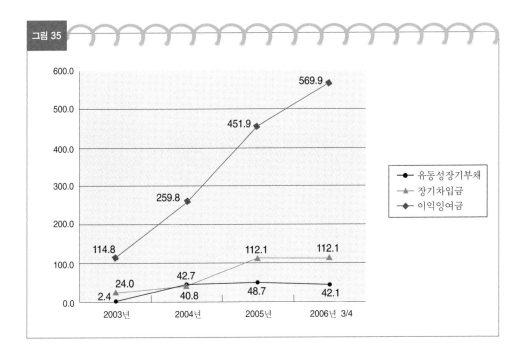

그림 35

리고 동종 업계 내의 다른 비교 기업들의 것과 같이 보는 방법이 여러 모
로 바람직하다고 말할 수 있습니다.

⑩ _10단계: 현금흐름표

■■■■ 현금흐름표 판단기준

영업활동으로 인한 현금흐름	투자활동으로 인한 현금흐름	재무활동으로 인한 현금흐름	평가(7점 만점)
+	-	-	7
+	-	+	5
+	+	-	3
-	-	+	2
-	-	+	1
-	-	-	0

HTS ➡ 상장기업 분석 ➡ 재무제표 ➡ 연간 현금흐름표
분기 현금흐름표 ➡ 엑셀에
수치 입력

그림 36

현금흐름표(연간)				
항목	2003년	2004년	2005년	2006.3/4
영업활동	161.6	307.1	340.0	181.8
투자활동	-74.7	-247.7	-197.0	-128.4
재무활동	-63.6	-31.6	14.6	-65.2
현금의증가	3.3	27.6	157.5	-11.7

190

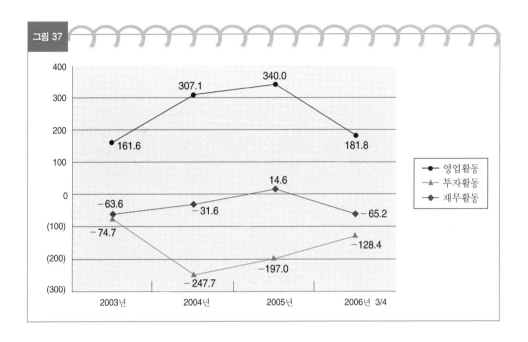

그림 37

그림 38

현금흐름표(분기)							
항목	2005년1/4	2005년2/4	2005년3/4	2005년4/4	2006년1/4	2006년2/4	2006년3/4
영업활동	161.6	120.4	76.1	54.4	123.8	41.4	39.8
투자활동	-74.7	-79.4	-42.4	-48.9	-56.7	-26.9	-68.0
재무활동	-63.6	38.9	-6.2	-1.7	-40.9	-18.9	-5.3
현금의증가(감소)	3.3	79.9	27.4	3.8	26.2	-4.5	-33.5

먼저 현금흐름표를 살펴보는 이유는 대차대조표와 손익계산서의 허점을 보완하기 위한 수단으로 만들어진 표이기 때문입니다. 즉, 실제 현금 흐름의 파악을 통해 광동제약 현금흐름의 이상 유무를 파악하기 위한 목적임을 염두에 두고 살펴보면 됩니다. 우선 연간 현금흐름표를 보면

2003년 이후 2006년 3/4분기 현재까지 꾸준한 영업활동에 의한 현금흐름 창출을 바탕으로 투자활동과 재무활동에 활용했음을 확인할 수 있습니다. 분기 현금흐름표 또한 전년도 1/4분기 이후 꾸준함을 유지하고 있습니다. 현금흐름표상으로는 광동제약은 2006년 3/4분기 현재까지 이상적인 현금흐름을 유지하고 있다고 할 수 있습니다.

⑪ _ 11단계: 각종 지표

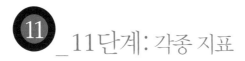

| HTS | ➡ | 상장기업 분석 | ➡ | 재무 분석 | ➡ | 엑셀 입력 |

그림 39

각종 지표

해당	판단	항목	점수	2003년	2004년	2005년	2006년3/4	점수
안전성	지급능력	유동비율	5	267.0%	268.3%	332.5%	339.0%	5
안전성	철저한 지급능력	당좌비율	5	221.8%	208.3%	273.8%	284.5%	5
안전성	자본구조	부채비율	5	41.3%	41.0%	38.8%	38.1%	5
안전성	경영의 안전성	자기자본비율	5	70.8%	71.0%	72.0%	72.4%	5
안전성	설비투자 적정도	고정비율	7	51.6%	61.4%	58.8%	55.9%	7
수익성	비싸게 판 정도	매출총이익율	5	41.3%	41.8%	43.3%	45.4%	5
수익성	본업이익창출력	영업이익율	5	8.5%	12.3%	12.7%	12.5%	5
수익성	회사의 종합적 능력	경상이익율	5	7.2%	11.6%	12.4%	12.8%	5
활동성	매출채권 회수능력	매출채권회전율	7	2.14	3.04	3.66	3.49	7
활동성	재고 적정도	재고자산회전율	7	9	9.96	10.43	10.7	5
성장성	매출증가 정도	매출액증가율	9	27.9%	39.6%	15.3%	-1.5%	3
성장성	영업이익증가 정도	영업이익증가율	12	47.2%	101.5%	19.2%	-6.2%	4
성장성	경상이익증가 정도	경상이익증가율	16	159.8%	125.6%	23.6%	-5.4%	4
현금흐름	기업의 현금흐름	현금흐름표	7					7
	총계		100					72

● 중요지표: 고정비율, 매출채권회전율, 재고자산회전율, 매출액증가율, 영업이익증가율, 경상이익증가율, 현금흐름표.

각종 지표 부분을 보면 안전성과 수익성은 양호한 상태를 유지하고 있는 반면, 주식투자자에게 중요한 성장성 항목인 매출액, 영업이익, 경상이익 증가율 모두 전년동기 대비 마이너스 성장을 하고 있음을 확인할 수 있습니다.

■■■■■ 매출채권 회전율

기업 / 연도	2003년	2004년	2005년	2006년 3/4분기
유한양행	2.75	2.75	2.79	2.70
한미약품	2.43	2.95	2.93	2.64
동아제약	3.77	4.27	3.84	3.77
종근당	2.17	2.32	2.24	1.83
광동제약	**2.14**	**3.04**	**3.66**	**3.48**

매출채권 회전율의 경우 2005년 3.66, 2006년 3/4분기 기준 3.48로서 기준표 분류에 의하면 '보통'과 '악화' 사이에 해당되나 제약업종 대표주들과 비교했을 때는 상위권에 속함을 알 수 있습니다.

■■■■■ 재고자산 회전율

기업 / 연도	2003년	2004년	2005년	2006년 3/4분기
유한양행	9.06	9.03	7.29	7.14
한미약품	10.84	10.53	11.15	11.09
동아제약	6.56	6.77	6.40	6.75
종근당	5.89	7.28	9.50	9.76
광동제약	**9.00**	**9.96**	**10.43**	**10.70**

██████ 매출액 증가율

기업 / 연도	2003년	2004년	2005년	2006년 3/4분기
유한양행	7.58	11.03	15.15	2.69
한미약품	6.21	30.21	18.78	15.92
동아제약	-10.30	9.89	-1.40	7.43
종근당	-4.49	14.95	26.61	7.05
광동제약	27.89	39.58	15.33	-1.53

██████ 영업이익 증가율

기업 / 연도	2003년	2004년	2005년	2006년 3/4분기
유한양행	2.03	5.85	27.59	-16.01
한미약품	-32.52	43.69	35.59	32.52
동아제약	8.51	9.05	24.31	26.84
종근당	-	42.40	76.48	-2.88
광동제약	47.21	101.53	19.23	-6.21

먼저 재고자산 회전율 및 매출액, 영업이익 증가율은 업황이라는 부분과 밀접한 관련을 가지고 있다는 말씀을 드립니다. 즉, 위 표와 같은 방식으로 동일 업종 내의 기업들과 같이 살펴봄으로써 상대비교를 통해 광동제약의 현 위치 파악 및 향후 해당 업종의 호·불황을 예상하는 데 용이합니다. 하지만 광동제약의 경우 매출액 증가율 및 영업이익 증가율을 살펴보면, 2006년 1/4분기부터 3/4분기까지 실적둔화 추세는 업황의 문제라기보다는 광동제약의 특정 제품이 매출 비중의 절대적 위치를 차지함으로써 나타난 현상이라는 것을 알 수 있으며, 매출채권 회전율이

상위권에 속하는 이유는 비타500의 유통부분 매출이 큰 비중을 차지하여 타 기업에 비해 현금회수가 용이하기 때문이라는 판단입니다.

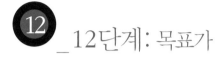

_12단계: 목표가

고려사항을 정리해보면 다음과 같습니다.

> 시장상황, 업황, 기업
> 업종 내 위치(대형주, 엘로우칩, 중·소형주)
> 네임밸류
> 비즈니스모델
> 거래소 평균 PER(9~10배)

고려사항은 목표가 산출시 감안해야 할 사항을 적은 것입니다. 그만큼 목표가라는 부분은 많은 변수가 고려되어야 하는 예민한 부분이기 때문입니다. 먼저 2006년 가장 최근의 실적을 최우선적으로 고려한 상태에서 과거 실적을 살펴보아야 합니다. 주당순자산의 경우도 당연히 2006년 3/4분기 현재를 기초로 산출해야 할 것입니다.

1) 주당순이익, 주당순자산, PER, PBR

■■■■ 주당순이익, 주당순자산, PER, PBR

(단위: 원)

현재가	182,000원	129,000원	82,000원	35,900원	3,150원
기업 / 연도	유한양행	한미약품	동아제약	종근당	광동제약
주당순이익(2005년)	7,382	5,491	2,886	2,177	411
PER	24.6배	23.4배	28.4배	16.4배	7.66배
주당순자산(2006.3/4분기)	72,358	30,091	31,342	11,949	2,835
PBR	2.5배	4.28배	2.6배	3.0배	1.1배

위 표를 보면 광동제약은 동일업종 내 타 기업들에 비해 낮은 수치를 적용받고 있음을 알 수 있습니다. 하지만 이 사항만을 두고 절대적인 저평가라고 판단하기에는 무리가 있다는 판단입니다. 몇 가지 이유를 설명하면 이렇습니다.

● 위에서 살펴본 바와 같이 비교기업들은 아직까지도 성장추세에 있다는 것입니다. 주식시장에서 통상을 넘어서는 성장에 대해서는 시장 참여자들 사이에 프리미엄이 형성됩니다.

● 이에 비해 광동제약의 성장성은 하락추세에 접어든 것으로 판단되므로 이를 불식시킬 실적개선이 이루어지기 전까지는 반대로 디스카운트가 이루어진다는 점입니다.(선반영)

● 한미 자유무역협정(FTA), 약가 재산정과 같은 제약업종 내 불확실성이 팽배해 있으며 이러한 제도변화는 대형 제약사 ↔ 중소형 제약

사의 변화된 환경에서의 생존경쟁에서 규모의 경제에서 밀리는 중소형 제약사에 불리하게 작용할 것입니다.(불확실성, 네임밸류)

- 광동제약은 제약주이지만 음식료 업종에 가까운 비즈니스모델을 가지고 있으므로 제약업종의 높은 PER를 적용하기는 어렵습니다.

위 사항 및 기타 무형적인 부분을 고려해볼 때 거래소 평균 PER인 9~10배를 넘기는 힘들 것으로 사료되며, 목표가는 현재의 비타500의 하락추세에 따른 디스카운트 요소 및 비즈니스모델을 고려할 때 거래소 평균 PER와 유사하거나 낮을 것이라고 생각됩니다.

(단위: 원)

항목/기간	2006년 3/4분기(누적)	4/4분기	계	비 고
당기순이익	143.2억 원	43억 원	186.2억 원	하락추세 감안
주당순이익			355원	

4/4분기 예상 당기순이익을 구하는 방법은 분기별 손익계산서에서 2005년 1/4분기-3/4분기 vs 2006년 1/4분기-3/4분기의 매출액, 영업이익, 경상이익, 당기순이익의 증감비율을 인지한 후 '매출에 관한 사항'에서 살펴본 주력제품의 하락비율 및 추세를 감안하여 4/4분기 예상실적을 전년동기와 비교한 상태에서 디스카운트 해서 구합니다.

더불어 2006년 1/4분기 주가는 2005년 연간실적과 관련이 있지만 1/4분기 경과 후부터는 2005년 실적이 아닌 2006년 1/4분기, 그리고 향후 분기별로 발표될 실적에 의해 주가가 형성됩니다. 이미 1/4분기 실적이 발표되는 때부터 2005년 실적은 잊혀진 과거가 된다는 것입니다.

위 표의 예상 주당순이익을 적용시켜보면 다음과 같습니다.

(단위: 원)

PER/항목	현재가	목표가	상승여력	비 고
PER 9 적용시	3,150	3,195	1.01%	
PER 10 적용시	3,150	3,550	12.6%	
실제 도달가능 목표가 (주식투자자 기준)	3,150	약 2,800~3,200	-11%~1.5%	

살펴본 바와 같이 광동제약의 2006년 이론 목표가는 최대 3,195원에서 3,550원으로서 상승여력이 1~12.6%로 극히 제한된 성격을 가지고 있으며 실제 도달가능 목표가는 약 2,800원~3,200원으로서 -11%~1.5% 정도로 상승여력이 없음을 알 수 있습니다. 그리고 현재 주가 3,150원은 2006년 예상순이익의 PER 8.87배입니다. 하지만 광동제약의 성장이 2006년 현재 이후 우려한 대로 하락추세가 지속된다면 미래가치 선반영에 따라 중기 관점에서 볼 때 PER 7배 수준인 2,500원대까지 하락할 수 있다는 점을 염두에 두어야 합니다.

13 _ 최종 정리

단계		파악
1단계	기업개요	○ 한방제품 및 건강음료 전문 제약기업
2단계	사업구성	○ 비타500에 편중된 매출구조
3단계	매출	○ 비타500 매출 정체상태
4단계	사업부문별 재무현황	○ 비타500이 전체 매출의 54.5%, 영업이익의 35%, 당기순이익의 35%를 차지하고 있는 핵심적인 제품
5단계	주식관련 사항	○ 낮은 대주주 지분(16.60%), 외국인 지분: 4.27% ○ 자사주: 283만 주(5.39%) 보유 중 ○ 전환사채, 신주인수권부사채 없음 ○ 스톡옵션 : 88만 주
6단계	배당	○ 시가배당률 1.77%(은행금리 5%기준)로서 배당주로서의 투자가치는 없음
7단계	주당순이익, 주당순자산	○ **주당순이익 : 355원(2006년 예상)** ○ 주당순자산 : 2,835원(PBR 0.9배)
8단계	손익계산서	○ 2005년을 고점으로 성장세 둔화추세 ○ 2006년 매출액은 전년도에 비해 역신장 할 것으로 예상됨 ○ 광동제약에 대한 투자는 수익보다 리스크가 클 것으로 예상됨
9단계	대차대조표	○ 꾸준한 이익창출로 전반적인 재무상태 양호
10단계	현금흐름표	○ 꾸준한 현금창출을 바탕으로 양호한 현금흐름 유지
11단계	각종 지표	○ 안전성, 수익성은 양호하나 활동성과 성장성에서 정체 내지는 약간의 하락추세(비타500 성장세 하락추세)
12단계	목표가	○ 실제 도달 가능한 목표가는 약 2,800원~3,200원으로서 상승여력이 없음 ○ 하락추세가 지속된다면 미래가치 선반영에 따라 중기 관점에서 PER 7배 수준인 2,500원대까지 추가하락 할 수도 있음